Meiner lieben Schwester Hannelore

zu Weihnachten 2001

von Monika u. Jürgen

GABY JUST

MOND *Buch*

für Fitness,
Schönheit &
Gesundheit

GABY JUST

MOND Buch

für Fitness, Schönheit & Gesundheit

Über die Kraft des Mondes

Fitness, Ernährung und Schönheit sind Themen, mit denen ich mich seit über 20 Jahren intensiv beruflich beschäftige und zu denen ich bereits verschiedene Bücher, Videos und Artikel veröffentlicht habe. Vor einigen Jahren machte ich eine Erfahrung mit den Kräften des Mondes, die mir eine völlig neue Perspektive auf diese Themen eröffnete und zur Entwicklung eines Mondphasen-Konzeptes führte, das ich Ihnen in diesem Buch vorstellen möchte.

Damals hatte ich mich gerade, des Großstadtlebens überdrüssig, auf dem Land niedergelassen, in einem Haus am Fuß der Allgäuer Berge mit einem uralten Obstgarten. Meine erste Ernte aus diesem Garten verarbeitete ich voller Begeisterung zu Marmeladen und Säften. Obwohl ich die Rezepte genau befolgt hatte, fand ich meine Schätze wenig später in der Speisekammer verschimmelt vor. Tief enttäuscht berichtete ich meinen Nachbarn, einer alteingesessenen Allgäuer Bauernfamilie, von meinem Mißgeschick. Die schüttelten nur verständnislos die Köpfe: Ob ich denn noch nie von den Energien der verschiedenen Mondphasen gehört hätte? Ob ich denn nicht wüßte, wie wichtig der Stand des Mondes und der Tierkreiszeichen für das Gelingen von Ernte, Verarbeitung und Lagerung sei? Ob mir nicht klar sei, wie sehr es auf die Wahl des richtigen Zeitpunktes ankomme?

Ich traute meinen Ohren nicht. Die Wahl des falschen Tages sollte für meine mißlungene Einweck-Aktion verantwortlich gewesen sein? Ich startete einen zweiten Versuch – denn vor alten Bauernregeln und dem Wissen von »Weisen« hatte ich schon immer Respekt. Diesmal erntete, kochte und lagerte ich bei »aufsteigendem Mond«, im Zeichen der Fische, des Widders und des Stiers. Das Ergebnis war verblüffend. Nicht nur die Konservierung meiner »süßen Früchte« war ohne Ausnahme gelungen, auch das Aroma und die Farben des eingekochten Obstes waren außergewöhnlich intensiv.

Ich begann, mich mit dem Einfluß der Mondphasen zu beschäftigen: Die Energie des magischen Planeten beeinflußt keineswegs nur die erfolgreiche Herstellung und Konservierung von Lebensmitteln, sondern ebenso von Naturkosmetika. Sowohl bei der Schönheits- und Körperpflege als auch bei der Ernährung und beim Fitness-Training beobachte ich voller Faszination die Zusammenhänge zwischen meinen Körperreaktionen, den Mondphasen und dem Stand der Tierkreiszeichen. Während der abnehmenden Mondphase zum Beispiel »walke« ich mit Leichtigkeit einen Berg rauf und runter. Bei Vollmond oder zunehmendem Mond hingegen kann ich den Versuchungen meiner Lieblingsschokolade kaum widerstehen.

Lernen Sie die Gesetzmäßigkeiten der Mondphasen und ihre Wirkung auf unseren Körper kennen und stimmen Sie Ihre Gewohnheiten darauf ab. Bewegen, pflegen und ernähren Sie sich im Rhythmus der Natur, und Sie werden ein völlig neues Körpergefühl erleben. Nutzen Sie die enorme Kraft des Mondes für Ihr Wohlbefinden und Ihre Schönheit.

Ich freue mich, Ihnen dabei behilflich zu sein.

Gaby Just

Neumond   Zunehmender Mond   Vollmond   Abnehmender Mond

INHALT

Fitness

Über die Kraft des Mondes

Mondpower

Beauty

Ernährung

Anhang

DIE KRAFT DES MONDES

Wie die vier Mondphasen und der Stand der Tierkreiszeichen unseren Körper beeinflussen

Die drei Kraftimpulse des Mondes

Es gibt drei Kraftimpulse, durch die der Mond auf alles irdische Leben, und damit auch auf uns Menschen Einfluß nimmt.

Der erste Impuls sind die vier Mondphasen: Den zunehmenden Mond und den Vollmond mit ihrer sammelnden, speichernden Kraft können Sie durch besonders bewußte und leichte Ernährung, intensive Hautpflege und Kräftigung der Muskulatur für sich nutzen. Die abgebende Kraft von Neumond und abnehmendem Mond hingegen unterstützt alle reinigenden und entgiftenden Maßnahmen, die Sie durch Herz-Kreislauf-Training sowie eine entsprechende Ernährung und darauf abgestimmte Hautpflege effektiv ergänzen können.

Der zweite Impuls betrifft die Tierkreiszeichen: Im Mondkalender (siehe Seite 26 bis 31) finden Sie die Tierkreiszeichen, die der Mond auf seiner Reise um die Erde durchwandert. In jedem Zeichen befindet sich der Mond jeweils zwei bis drei Tage und beeinflußt währenddessen bestimmte, dem Tierkreiszeichen zugeordnete Körperzonen und Organe. Besondere Pflege und Aufmerksamkeit für die entsprechende Körperzone ist dann angesagt.

Als dritter Impuls gilt der auf- und absteigende Mond, dessen Kräfte auch vom Stand der Tierkreiszeichen abhängen. Sie wirken zum einen innerhalb einer Jahreshälfte: Aufsteigend durchwandert der Mond die Tierkreiszeichen zwischen Winter- und Sommersonnenwende, vom 21. Dezember bis 21. Juni (Schütze bis Zwilling). Absteigend beeinflußt er die Tierkreiszeichen der zweiten Jahreshälfte (21.6.-21.12.), also Zwilling bis Schütze. Diese Kräfte zeigen sich zum anderen auch innerhalb eines Monats. Die Jahres-Impulse werden hauptsächlich in der Land- und Forstwirtschaft, die monatlichen Impulse in der Hauswirtschaft und in der Heilkunde genutzt.

DIE MONDPHASEN UND WIE SIE WIRKEN

Jede der vier Mondphasen hat ihre ganz spezifischen, charakteristischen Merkmale. Menschen, Tiere und Pflanzen, das Leben auf der Erde überhaupt, sind davon betroffen. Die Einflüsse der jeweiligen Mondphase sind beispielsweise verantwortlich für Wetterveränderungen (bei Neumond), ansteigende Geburten- und Kriminalitätsraten (bei Vollmond), schlechte Heilungsprozesse (bei zunehmendem Mond) und optimale Ergebnisse in Gartenbau und Landwirtschaft (je nach Vorhaben bei ab- oder zunehmendem Mond).

Wenn Sie sich eingehender mit der Materie beschäftigen, werden Sie feststellen, daß auch ganz alltägliche Dinge wie Wäsche waschen, Haare und Nägel schneiden, besondere Gelüste und die Bereitschaft des Körpers aufzunehmen oder abzugeben von der kosmischen Kraft des Mond ferngesteuert werden.

Zunächst ein erster Überblick, wie die Kräfte der vier Mondphasen wirken und wie Sie ihre Energie für Ihre Gesundheit und Schönheit nutzen können.

NEUMOND – LOSLÖSEN UND NEU ANFANGEN

Die Impulse des Neumonds wirken erfrischend und stark. Diese kurze Phase ist von Optimismus, Willensstärke und Zuversicht geprägt und ist Neuorientierungen und ihrer Durchsetzung förderlich wie keine andere Zeit.

So wie der Mond sich während der Neumondphase unsichtbar macht und zurückzieht, um sich dann erneut auf seine etwa 28tägige Reise um die Welt zu begeben, sollten auch Sie diese Zeit nutzen, um neue Vorhaben zu planen und umzusetzen und schlechte Gewohnheiten endlich über Bord zu werfen.

Die Entgiftungs- und Reinigungsbereitschaft des Körpers ist während der Neumondphase am größten; der Zeitpunkt für eine Fasten- oder Entschlackungskur ist also ideal. Wenn Sie jetzt einen Obst- oder Safttag einlegen, helfen Sie Ihrem Körper, Gifte und Schlacken auszuscheiden, die sich in den Darmzotten festgesetzt haben, und beugen damit gleichzeitig Unwohlsein und Krankheiten vor.

Intensiv reinigende Maßnahmen wie Darmspülungen (Einläufe) und Fußreflexzonenmassagen, die den Lymphfluß aktivieren, sind jetzt besonders begünstigt und effektiv.

MEIN TIP

Das tut Ihnen bei Neumond besonders gut:

Fitness: *alle meditativen Bewegungsarten wie Yoga, Stretching, Taijiquan und andere*

Schönheit: *Reiki, Fußreflexzonenmassagen, Peelings und Shiatsu*

Ernährung: *Fasten-, Saft-, Obst- und andere Entschlackungskuren*

Die kurze Neumondphase begünstigt jede Art von Neuanfang und Reinigung

ZUNEHMENDER MOND – AUFBAUEN UND KRÄFTIGEN

Während der zunehmenden Mondphase ist alles auf Aufnahme ausgerichtet. Der Mond wird fülliger, und mit jedem Tag, den er sich mehr rundet, erhöht sich die Aufnahmebereitschaft des menschlichen Organismus. Positive Energien sammeln sich, und das Selbstbewußtsein erreicht bei Vollmond seinen Höhepunkt.

Aber Achtung: Der Körper ist so aufnahmebereit, daß Sie während dieser Phase auch sehr viel schneller zunehmen als sonst. Achten Sie auf eine fettarme und vitaminreiche Ernährung und verzichten Sie nach Möglichkeit auf späte, üppige Abendessen.

Medikamente sollten Sie vorsichtig dosieren, denn ihre Wirkung ist erhöht.

Wasseransammlungen im Gewebe treten in dieser Zeit häufiger auf und halten sich hartnäckiger. Auch die Wundheilung verschlechtert sich mit jedem Tag, den der Mond voller wird.

Masken, Packungen und gehaltvolle Öle werden von Ihrer Haut aufgesogen wie ein Schwamm. Nutzen Sie diese Zeit für ein intensives Pflegeprogramm und gönnen Sie Ihrer Haut und Ihrem Haar alles, was nahrhaft und vitaminreich ist.

MEIN TIP

Das tut Ihnen bei zunehmendem Mond besonders gut:

Fitness: *alle muskelstärkenden Fitnessarten wie Problemzonentraining und Workout mit Hilfsmitteln wie Gummiband und Hanteln sowie Gewichte- und Gerätetraining*

Schönheit: *Masken, Packungen und Dampfbäder, Aromaöl-Massagen, Körperwickel und Tiefenwärme*

Ernährung: *Früchte, Säfte, Salate und kurz gedünstetes Gemüse*

In der Phase des zunehmenden Mondes können Sie Kräfte sammeln, sich nähren und aufbauen

VOLLMOND – REGENERIEREN UND BERUHIGEN

Die deutlich spürbare Kraft des Vollmondes macht sich auf der ganzen Erde bei Mensch und Tier gleichermaßen bemerkbar. Phantasien, Wünsche und drängende Bedürfnisse kommen ans Tageslicht und wollen befriedigt werden.

Es ist die Zeit starker Gefühle – positiver wie negativer. Unruhige Nächte mit Schlafstörungen und aufregenden Träumen kennen viele Menschen in den Tagen des »runden Mondes«; der Vollmond ist verantwortlich für innere Unruhe und mangelnde Konzentration.

Schlafwandler haben jetzt Hochkonjunktur.

Wenn möglich, verschieben Sie operative Eingriffe, da Wunden stärker bluten und Verletzungen schlechter heilen als sonst.

Wenn Sie auf Ihre Figur achten müssen, sollten Sie jetzt besonders diszipliniert essen, da der Körper die ihm zugeführte Nahrung extrem gut verwertet. Verzichten Sie vielleicht auf eine Mahlzeit pro Tag und machen Sie einen großen Bogen um Süßigkeiten!

MEIN TIP

Das tut Ihnen bei Vollmond besonders gut:

Fitness: *alle harmonisierenden und sanften Bewegungsarten wie Stretching, Autogenes Training, Feldenkrais*

Schönheit: *beruhigende Vollbäder, Aroma-Ganzkörpermassagen, Gesichts-Shiatsu, Kopfmassagen, Haar-Ölpackungen*

Ernährung: *romantische Menüs aus leichten Zutaten, «Candle Light Dinner for Two«*

Die Vollmondphase hat eine starke Energie, die Sie zur Regeneration und Beruhigung nutzen sollten

ABNEHMENDER MOND – ENTWÄSSERN UND AKTIVIEREN

Nun beginnt die aktive und abgebende Phase des Mondzyklus. Ihr Körper ist in Höchstform und geht mühelos bis an seine Leistungsgrenzen. Alle schweißtreibenden Sport- und Bewegungsarten sind ganz besonders empfehlenswert, da sie die Entgiftung und Entwässerung des Körpers unterstützen.

Wer ein paar Kilos zuviel hat, verliert jetzt mit weniger Aufwand und ohne große Anstrengung überschüssige Pfunde, denn Gelüste auf Süßes und Schweres stellen sich kaum ein.

Operationen und komplizierte Zahnbehandlungen sollten in diese Zeit gelegt werden, da die Schmerzempfindlichkeit vermindert ist, Wunden weniger nachbluten und Heilungsprozesse schneller verlaufen (Dies gilt *nicht*, wenn der Mond im Sternzeichen Stier steht!).

Die Zeit des abnehmenden Mondes ist außerdem besonders gut geeignet für lange Spaziergänge, ausgedehnte Saunasitzungen, ableitende Lymphdrainagen und Anti-Cellulite-Behandlungen.

MEIN TIP

Das tut Ihnen bei abnehmendem Mond besonders gut:

Fitness: *alle aktiven, konditionssteigernden, fettverbrennenden, aeroben Sportarten wie Boxen, Seilspringen, Step Training, Tanzen, Inline Skating und anspruchsvolle Bergwanderungen*

Schönheit: *Lymphaktivierende Fußreflexzonenmassagen, Anti-Cellulite-Behandlung, Mani- und Pediküre, Tiefenreinigungen für Körper und Gesicht, Enthaarungen.*

Ernährung: *entwässernde Reis- und Kartoffelgerichte, Spargel-, Erdbeer- und Brennessel-Aufläufe*

In der Phase des abnehmenden Mondes werden Sie wieder aktiv und kommen so richtig in Fahrt

DIE TIERKREISZEICHEN UND WIE SIE WIRKEN

Tierkreiszeichen sind den meisten Menschen aus der Astrologie bekannt, sie entsprechen aber auch bestimmten Sternkonstellationen aus der Astronomie.
So wie die Sonne im Laufe eines Jahres jeweils einen Monat in einem Sternbild des Tierkreises steht, durchläuft der Mond auf seiner rund 28tägigen Reise um die Erde ebenfalls alle zwölf Sternbilder. In jedem von ihnen hält der Mond sich zwei bis drei Tage auf, was in allen Mondkalendern nachvollziehbar ist (siehe Seite 26 bis 31).
Die Impulse des Mondes auf alles irdische Leben gehen also einerseits auf die Einflüsse der verschiedenen Mondphasen zurück, andererseits aber auch auf die Wirkung der Tierkreiszeichen, die der Mond gerade durchwandert. Durch den Einfluß der einzelnen Zeichen bekommen die Mondphasen zusätzlich eine ganz spezifische Wirkung, die wir Menschen auf allen Ebenen – körperlich, geistig, seelisch – spüren, die sich beispielsweise aber auch in den Bereichen Gartenbau und Landwirtschaft bemerkbar machen.
Bereits die alten Griechen und Römer faßten die zwölf Sternbilder in vier Gruppen zusammen, die jeweils einem der vier Elemente Feuer, Wasser, Erde und Luft zugeordnet wurden.
Wenn der Mond die Tierkreiszeichen durchläuft, werden die Aspekte des dazugehörigen Elements besonders hervorgehoben und aktiviert:
Das Element **Feuer** steht für Hitze und Trockenheit und entsprechend für hitzige und impulsive Körperreaktionen. Das Element **Wasser** repräsentiert Feuchtigkeit und Kühle; es steht für schwache bis kraftlose Körperreaktionen. Das Element **Erde** steht für Trockenheit und Kälte und für langsame bis bedächtige Körperreaktionen. Das Element **Luft** schließlich repräsentiert Wärme und Feuchtigkeit; es steht für rasche und lebhafte Körperreaktionen.

IM ZEICHEN DER ELEMENTE

Feuerzeichen:	Widder – Löwe – Schütze
Wasserzeichen:	Krebs – Skorpion – Fisch
Erdzeichen:	Stier – Jungfrau – Steinbock
Luftzeichen:	Zwilling – Waage – Wassermann

Der folgende Abschnitt beschreibt genauer, wie der Mond in den einzelnen Tierkreiszeichen wirkt und was das für die Bereiche Fitness, Schönheit und Ernährung bedeutet. Mit diesem Wissen können Sie die Wirkung der Mondphasen unterstützen und intensivieren. Grundsätzlich sollten Sie die Einflüsse und Empfehlungen miteinander abgleichen, wobei die Mondphase Priorität , das heißt einen stärkeren Einfluß hat.
Wenn Sie sich diese Einflüsse bewußt machen und die Hinweise für die jeweilige Phase in Ihren Alltag einbauen, werden Sie feststellen, daß sich Ihr körperliches und seelisches Wohlbefinden spürbar verbessert.

DER WIDDER

ORGAN/KÖRPERZONE:	Kopf
ELEMENT:	Feuer
NAHRUNGSSTOFF:	Eiweiß

Mond im Widder

Der Widder ist das erste Tierkreiszeichen, er repräsentiert die Sinnesorgane, den gesamten Kopfbereich einschließlich Augen, Nase und Mund.

Im Widder geborene Menschen kennen Kopfschmerzen, Migräne, Stirnhöhlenvereiterungen sowie Entzündungen im Mundbereich.

Wandert der Mond in das Zeichen des Widders, ist erhöhte Vorsicht für den gesamten Kopfbereich geboten: Bei »kopfempfindlichen« Menschen können plötzliches Nasenbluten, Bindehautentzündungen und grippale Effekte auftreten. Achtung auch bei zuviel Alkoholgenuß, Spaziergängen an kühlen Tagen und direktem Sonnenlicht in ungeschützte Augen.

Meiden Sie an diesen Tagen Operationen und Eingriffe im Kopfbereich.

Das tut Ihnen jetzt besonders gut:

Fitness: *Augen- und Gesichtsgymnastik*

Schönheit: *Gesichtsdampfbäder und Kopfmassagen mit beruhigenden Aromaölen, Blütenwasser-Augenkompressen (Lavendel), zehnminütiger Mittagsschlaf, auf einem mit echtem Lavendel gefüllten Kissen*

Ernährung: *eiweißreiche Nahrung, viel stilles Wasser trinken, möglichst auf Kaffee verzichten*

DER STIER

ORGAN/KÖRPERZONE:	Hals und Nacken
ELEMENT:	Erde
NAHRUNGSSTOFF:	Salz

Mond im Stier

Der Stier ist das zweite Tierkreiszeichen, er steht für den Blutkreislauf, den gesamten Hals- und Nackenbereich, für Zähne, Kiefer, Schilddrüse und Ohren.

Hals-, Mandel- und Ohrenentzündungen greifen an den Tagen, an denen der Mond im Stier steht, besonders gerne um sich. Die Schilddrüse ist jetzt sehr aktiv und offenbart durch eine Unter- oder Überfunktion ihre Schwäche.

Zahnbehandlungen oder Kieferoperationen sollten Sie auf keinen Fall im Zeichen des Stiers vornehmen lassen. Auch sonstige Operationen und Eingriffe im Hals- und Nackenbereich sind nicht zu empfehlen.

Salbeitees zum Gurgeln und Halswickel, in gekochte Kräutertees getunkt, wirken dagegen wohltuend, pflegend und vorbeugend.

Das tut Ihnen jetzt besonders gut:

Fitness: *gegen Nackenverspannungen: Stretching der Hals- und Nackenmuskulatur* *(siehe Seite 72)*

Schönheit: *Halswickel- und Kompressen mit Kräuterauszügen (Kamille, Salbei, Eukalyptus)*

Ernährung: *günstig für die Verwertung von salzhaltiger Kost, Vorsicht allerdings bei Bluthochdruck, selbst kleine Mengen haben jetzt eine besonders negative Wirkung*

DER ZWILLING

ORGAN/KÖRPERZONE:	Schultern und Arme
ELEMENT:	Luft
NAHRUNGSSTOFF:	Fett

Mond im Zwilling

Der Zwilling ist das dritte Tierkreiszeichen, er steht für das Drüsensystem, Schultern und Arme, den oberen Lungenbereich (Bronchien), Hände und Finger.

Besonders Menschen mit vorwiegend sitzender Tätigkeit kennen stechende, starke Schmerzen in Nacken und Schulterbereich. Auch einseitige körperliche Belastung oder Verschleiß (Tennisarm) machen sich bei Anfälligkeit in den Tagen des Zwillings bemerkbar. Entspannende Aromabäder und eine anschließende Massage der betroffenen Stellen mit Kräuterölen lindern den Schmerz sofort und haben Langzeitwirkung.

Meiden Sie an diesen Tagen Operationen und Eingriffe für die angegebenen Körperzonen.

Das tut Ihnen jetzt besonders gut:

Fitness: *sanftes und gezieltes Schulter- und Armtraining (Bizeps/Trizeps) mit anschließendem Stretching der Schulterpartie*

Schönheit: *Handreflexzonenmassage, Hand- und Armpackungen bzw. Wickel*

Ernährung: *Verzichten Sie auf fette und ölige Speisen, wenn Sie gesundheitliche Probleme haben oder sich figurbewußt ernähren wollen.*

DER KREBS

ORGAN/KÖRPERZONE:	Oberkörper und Magen
ELEMENT:	Wasser
NAHRUNGSSTOFF:	Kohlenhydrate

Mond im Krebs

Der Krebs ist das vierte Tierkreiszeichen, er steht für das Nervensystem, den Oberkörper und den Magenbereich, für Brust, Lunge, Magen, Leber und Galle.

Sodbrennen und Völlegefühl treten jetzt gerne nach schweren Essen auf, man hat das Gefühl, ein Stein liegt im Magen. Leichte Kost ist angesagt, und die Leber hat Schonzeit. Feucht-fröhliche, durchtanzte Nächte mit viel Alkohol machen sich stärker als sonst bemerkbar und hinterlassen am nächsten Tag neben geschwollenen Augen und müden Beinen ein insgesamt sehr abgeschlafftes Erscheinungsbild .

Operationen und Eingriffe für die hier angegebenen Körperzonen an diesen Tagen meiden.

Das tut Ihnen jetzt besonders gut:

Fitness: *Gezieltes Workout für einen schönen Busen und den oberen Rückenbereich, ausgedehnte Spaziergänge in der Natur (atmen Sie tief durch!)*

Schönheit: *Brustmassagen, Brustwickel mit reichhaltigen Samenölen; Wechselduschen (heiß und kalt) für den Oberkörper regen den Stoffwechsel an*

Ernährung: *Leichte Gerichte aus Suppen, Eintöpfen und Gemüseaufläufen. Alkoholkonsum einschränken. Kamillen- und Pfefferminztees beruhigen Magen und Galle*

DER LÖWE

ORGAN/KÖRPERZONE: Rücken und Herz
ELEMENT: Feuer
NAHRUNGSSTOFF: Eiweiß

Mond im Löwen

Der Löwe ist das fünfte Tierkreiszeichen, er steht für die Sinnesorgane, Rücken, Zwerchfell, für Herz und den Blutkreislauf. Rückenbeschwerden treten jetzt schon bei der kleinsten falschen Bewegung auf, die Bandscheibe macht sich bemerkbar und die »Hexe« schießt gnadenloser und schneller als sonst. Gehen Sie also besonders behutsam mit Ihrem Rücken um und vermeiden Sie es, schwer zu tragen.
Ganz besonders vorsichtig sollten auch Menschen sein, die anfällig für Herz-Kreislauferkrankungen sind. Muten Sie sich keine unnötigen Belastungen zu, sondern achten Sie auf Ruhe und Entspannung. Operationen und Eingriffe für die hier angegebenen Körperzonen sollten Sie an diesen Tagen vermeiden.

Das tut Ihnen jetzt besonders gut:

Fitness: *Rückentraining mit Hanteln oder Gym-Band*
Schönheit: *Löwe-Tage sind Haarschneidetage! Packungen und Spülungen nach der Haarwäsche benutzen und einwirken lassen*
Ernährung: *Essen Sie viel Eiweiß: Zum Beispiel Kartoffeln mit Kräuterquark, Überbackenes mit Käse, Früchtemus mit Yoghurtcreme oder einen Milch-Shake mit frischen Früchten*

DIE JUNGFRAU

ORGAN/KÖRPERZONE: Verdauungsorgane
ELEMENT: Erde
NAHRUNGSSTOFF: Salz

Mond in der Jungfrau

Die Jungfrau ist das sechste Tierkreiszeichen. Sie steht für den Blutkreislauf, die Verdauungsorgane und die Nerven.
Eine geregelte Verdauung spielt eine zentrale Rolle für Gesundheit und allgemeines Wohlbefinden. Durch Streß, Leistungsdruck und falsche Ernährung leiden immer mehr Menschen unter Verstopfung oder Durchfall. Jetzt sollten alle, die für Verstopfung anfällig sind, ungesüßtes Trokkenobst essen, viel Kräutertees trinken und Nahrungsmittel wie Schokolade und Bananen meiden.
Operationen und Eingriffe für die hier angegebenen Körperzonen sollten Sie an diesen Tagen meiden.

Das tut Ihnen jetzt besonders gut:

Fitness: *Yoga-Übungen, die gezielt den Verdauungstrakt ansprechen und durchbluten*
Schönheit: *Noch ein Top-Termin für Haarschnitt, Dauerwelle und Tönung (bei zunehmendem Mond). Öl-Haarpackungen und Apfelessig-Spülungen geben seidigen Glanz. Sanfte Bauchmassagen mit Aromaölen durchbluten und wirken anregend auf das Verdauungssystem.*
Ernährung: *bei Verstopfung morgens auf nüchternen Magen ein Glas Apfelessig trinken (verdünnt mit Wasser im Verhältnis 1:5)*

DIE WAAGE

ORGAN/KÖRPERZONE: Beckenbereich
ELEMENT: Luft
NAHRUNGSSTOFF: Fett

Mond in der Waage

Die Waage ist das siebte Tierkreiszeichen. Sie steht für das Drüsensystem und den Beckenbereich: Taille, Hüfte, Nieren, Blase.
Menschen mit einer Blasen- und/oder Nierenschwäche sollten an diesen Tagen nicht ohne Strümpfe und warme Unterwäsche aus dem Haus gehen. Vermeiden Sie, auf kaltem Untergrund zu sitzen, und trinken Sie täglich drei bis vier Tassen Blasen- und Nierentee.
Operationen und Eingriffe für die hier angegebenen Körperzonen an diesen Tagen meiden.

Das tut Ihnen jetzt besonders gut:

Fitness: *Yoga-Übungen (Dynamische Dehnungen siehe Seite 54 f.) und Bauchtraining für die seitliche Bauchmuskulatur*
Schönheit: *Anti-Cellulite-Behandlungen und Bürstenmassagen an Bauch und Po (bei abnehmendem Mond), Schwangerschaftsstreifen mit nahrhaften Cremes und Ölen behandeln (bei zunehmendem Mond)*
Ernährung: *Viel trinken, um Nieren und Blase gut durchzuspülen: z. B. Entspannungs-Kräutertee aus Lavendelblüten, Johanniskraut, Rosmarin, Melissenblättern, Kamillenblüten, Frauenmantelkraut und Eisenkraut (mindestens zwei Liter über den Tag verteilt)*

DER SKORPION

ORGAN/KÖRPERZONE: Geschlechtsorgane
ELEMENT: Wasser
NAHRUNGSSTOFF: Kohlenhydrate

Mond im Skorpion

Der Skorpion ist das achte Tierkreiszeichen. Er steht für das Nervensystem und die Geschlechtsorgane. Wenn der Mond im Skorpion steht, treten gerne die typischen »Frauenleiden« wie Harnleiter- und Eierstockentzündungen, Menstruationsbeschwerden und Unterleibskrämpfe auf. Molkebäder, eine heiße Wärmflasche und Bettruhe wirken entkrampfend und sind die einfachsten Mittel, um vorzubeugen oder Schmerzen zu lindern. Achtung bei Neigung zu Hämorrhoiden: Nicht auf kaltem Untergrund sitzen und morgens nach einer heißen Dusche den Analbereich kalt abspritzen.
Operationen und Eingriffe für die hier angegebenen Körperzonen an diesen Tagen meiden.

Das tut Ihnen jetzt besonders gut:

Fitness: *Entkrampfende Stretching- und Yoga-Übungen für den Beckenbereich; muskelaufbauende Übungen für den Po, formen und straffen*
Schönheit: *entspannende Sitzbäder in Rosen- oder Orangenblütenwasser, Meersalz- (aus dem toten Meer) oder Molkebäder mit ätherischen Ölen (Ingwer, Koriander oder Ylang Ylang), Moor- oder Schlammbäder*
Ernährung: *eisenhaltige Nahrungsmittel, fettarm zubereitet*

DER SCHÜTZE

ORGAN/KÖRPERZONE: Oberschenkel
ELEMENT: Feuer
NAHRUNGSSTOFF: Eiweiß

Mond im Schützen

Der Schütze ist das neunte Tierkreiszeichen. Er steht für die Sinnesorgane, für Oberschenkel und Venen.
Ischias, Venenstau und schmerzende Oberschenkel nach längeren Wanderungen bei Ungeübten machen sich gerne an Schütze-Tagen bemerkbar. Sollten Sie in diesem Bereich »anfällig« sein, vermeiden Sie langes Stehen und Gehen. Lassen Sie sich von Ihrem Partner verwöhnen und bitten Sie ihn oder sie, Ihre Beine zu massieren. Verwenden Sie erfrischende und regenerierende Massageöle mit Zitronen- und Orangendüften. Ihre Beine werden es Ihnen noch Tage danach danken.
Operationen und Eingriffe für die hier angegebenen Körperzonen an diesen Tagen vermeiden.

Das tut Ihnen jetzt besonders gut:

Fitness: *Training der inneren Oberschenkelmuskulatur (Adduktoren und Abduktoren)*
Schönheit: *Anti-Cellulite-Behandlung mit Aromaöl, Bädern und Balsam für die Oberschenkel bei abnehmendem Mond, Lymphdrainage, Massage mit reichhaltiger Körpercreme oder Vitamin-Massageöl mit anschließendem Beinwickel bei zunehmendem Mond*
Ernährung: *Protein-Tag mit frischen Meeresfrüchten*

DER STEINBOCK

ORGAN/KÖRPERZONE: Knochen, Haut, Gelenke
ELEMENT: Erde
NAHRUNGSSTOFF: Salz

Mond im Steinbock

Der Steinbock ist das zehnte Tierkreiszeichen. Er steht für den Blutkreislauf, Knochen, Haut und Gelenke.
An Steinbock-Tagen sollten Sie Ihrer Hautpflege Vorrang einräumen.
Cremen, salben und ölen Sie jetzt nach Herzenslust Gesicht und Körper. Idealer Zeitpunkt für eine Hautbehandlung! Unerwünschte Körperhaare, die im abnehmenden Mond an Steinbock-Tagen entfernt werden, wachsen bedeutend langsamer nach.
Hüten Sie sich vor allzu starker Beanspruchung der Gelenke, vor allem der Knie (Meniskus).
Operationen und Eingriffe für die hier angegebenen Körperzonen sollten Sie an diesen Tagen möglichst meiden.

Das tut Ihnen jetzt besonders gut:

Fitness: *gezieltes und sanftes Wirbelsäulentraining mit anschließender Rückendehnung*
Schönheit: *alle tiefenreinigenden Maßnahmen für Gesicht und Körper wie Peelings, Akne- und Mitesser-Behandlungen bei abnehmendem Mond, aufbauende Masken und straffende Cremepackungen bei zunehmendem Mond*
Ernährung: *kalziumhaltige Kost stärkt den Knochenbau*

DER WASSERMANN

ORGAN/KÖRPERZONE: Unterschenkel
ELEMENT: Luft
NAHRUNGSSTOFF: Fett

Mond im Wassermann

Der Wassermann ist das elfte Tierkreiszeichen. Er steht für das Drüsensystem und die Unterschenkel, also Waden, Venen, Schienbein und Knöchel.
Wer in den Tagen des Wassermanns mit Jogging oder Step Training beginnt, sollte sich nicht über Muskelkater oder Wadenkrämpfe wundern. Feuchte Wadenkompressen mit Lavendel-Blütenwasser beruhigen »aufgebrachte« Beine schnell.
Bei der Neigung zu Krampfadern sollten Sie in dieser Zeit besonders aufpassen. Langes Stehen tut Ihren Beinen jetzt nicht gut. Legen Sie zwischendurch die Beine hoch und reiben Sie sie mit erfrischenden Kräutercremes ein (Kampfer, Eukalyptus, Pfefferminz).
Operationen und Eingriffe für die hier angegebenen Körperzonen sollten Sie an diesen Tagen meiden.

Das tut Ihnen jetzt besonders gut:

Fitness: *sanftes Walking (gegen Krampfadern) und anschließendes Stretching der Wadenmuskulatur*
Schönheit: *entspannende Druckpunktmassage (Shiatsu) an Beinen und Füßen für eine schnelle Regeneration*
Ernährung: *gegrilltes Fleisch oder Fisch mit Gemüse im Dampftopf ist nährstoffreich und fettarm*

DER FISCH

ORGAN/KÖRPERZONE: Füße
ELEMENT: Wasser
NAHRUNGSSTOFF: Kohlenhydrate

Mond im Fisch

Der Fisch ist das zwölfte und letzte Tierkreiszeichen. Er steht für das Nervensystem und für die Füße.
Das Zeichen des Fisches steht für das Ende, den Abschluß. Was im Zeichen des Widders mit der Kopfregion beginnt, beendet der Fisch mit den Füßen, wo die Energie-Leitbahnen des Körpers (Meridiane) enden oder beginnen. Aus diesem Grund schmerzt manchmal der innere Rand des Fußes oder der äußere Rand der Fersen, obwohl die Füße nicht besonders beansprucht worden sind. Fußreflexzonenmassagen bringen hier wohltuende Abhilfe und verschaffen ein rundum angenehmes Körpergefühl.
Operationen und Eingriffe für die hier angegebenen Körperzonen an diesen Tagen meiden.

Das tut Ihnen jetzt besonders gut:

Fitness: *Stretching für die Füße (Flex/Point)*
Schönheit: *regenerierende Akupressur oder Fußreflexzonenmassagen, Pfefferminzwasser-Fußbäder und Haut-, Fuß- und Nagelpilzbehandlungen (bei abnehmendem Mond)*
Ernährung: *Rohkost mit Kräuter-Dip, frische Salate mit gebratenen Pilzen oder warmem Ziegenkäse (Brot oder andere kohlenhydratreiche Zugaben weglassen)*

DAS SOLLTEN SIE GRUNDSÄTZLICH BEACHTEN:

1. Die Körperzone beziehungsweise das Organ, das von dem Zeichen regiert wird, welches der Mond gerade durchwandert, sollte nicht strapaziert oder belastet werden (keine Eingriffe oder Operationen). Versorgen Sie den Bereich Ihres Körpers statt dessen mit aufbauenden und wohltuenden Maßnahmen.

2. Befinden wir uns, während der Mond das jeweilige Sternzeichen durchläuft, in der zunehmenden oder Vollmond-Phase, sind Maßnahmen besonders wirkungsvoll, die dem im Mond stehenden »Körperzeichen« aufbauende Stoffe zuführen.
Befinden wir uns, während der Mond das jeweilige Sternzeichen durchläuft, in der abnehmenden oder Neumond-Phase, sind diejenigen Maßnahmen besonders wirkungsvoll, die das im Mond stehende »Körperzeichen« entlasten und reinigen.

Der Mond bewegt nicht nur die Weltmeere, sondern er beeinflußt auch unsere Energie

DER AUF- UND ABSTEIGENDE MOND

Der Einfluß dieser beiden »Monde« ist zwar für den Menschen nicht unmittelbar spürbar, jedoch haben diese Kräfte in der westlichen Welt in der Heilkunde, im Gartenbau und in der Landwirtschaft eine große Bedeutung.

Unabhängig von den einzelnen Mondphasen ist die aufsteigende und absteigende Kraft des Mondes sowohl abhängig von den Sternzeichen wie auch von den beiden Jahreshälften Sommer und Winter.

So beginnt die Kraft des aufsteigenden Mondes in der ersten Jahreshälfte, am 21. Dezember (Wintersonnenwende) und endet am 21. Juni (Sommersonnenwende) des darauffolgenden Jahres.

Die sechs Tierkreiszeichen, die die Sonne während dieser sechs Winter- und Frühjahrsmonate durchwandert, besitzen die aufsteigende Kraft. Diesem Impuls ist das Entstehen und Wachsen zuzuordnen, und er beeinflußt alles, was mit der Entwicklung *über* der Erdoberfläche zu tun hat. Die Erde atmet sozusagen aus – es ist Wachstums- und Blütezeit.

Der absteigende Mond dagegen entwickelt seine Kraft in der zweiten Jahreshälfte, den sechs darauffolgenden Sommer- und Herbstmonaten. Alle sechs Tierkreiszeichen, die die Sonne während dieser Monate durchwandert, besitzen eine absteigende Kraft und stehen für die Ruhe. Alles was mit der Entwicklung *unter* der Erdoberfläche zu tun hat, wird nun beeinflußt. Die Erde atmet sozusagen ein – es ist Ernte- und Reifezeit.

TIERKREISZEICHEN IM AUFSTEIGENDEN MOND

(21.12. – 21.6.)

Schütze
Steinbock
Wassermann
Fisch
Widder
Stier
Zwilling (Wendepunkt)

TIERKREISZEICHEN IM ABSTEIGENDEN MOND

(21.6. – 21.12.)

Zwilling
Krebs
Löwe
Jungfrau
Waage
Skorpion
Schütze (Wendepunkt)

JANUAR		FEBRUAR		MÄRZ		APRIL		MAI		JUNI	
Sa	1	Di	1	Mi	1	Sa	1	Mo	1	Do	1
So	2	Mi	2	Do	2	So	2	Di	2	Fr	2
Mo	3	Do	3	Fr	3	Mo	3	Mi	3	Sa	3
Di	4	Fr	4	Sa	4	Di	4	Do	4	So	4
Mi	5	Sa	5	So	5	Mi	5	Fr	5	Mo	5
Do	6	So	6	Mo	6	Do	6	Sa	6	Di	6
Fr	7	Mo	7	Di	7	Fr	7	So	7	Mi	7
Sa	8	Di	8	Mi	8	Sa	8	Mo	8	Do	8
So	9	Mi	9	Do	9	So	9	Di	9	Fr	9
Mo	10	Do	10	Fr	10	Mo	10	Mi	10	Sa	10
Di	11	Fr	11	Sa	11	Di	11	Do	11	So	11
Mi	12	Sa	12	So	12	Mi	12	Fr	12	Mo	12
Do	13	So	13	Mo	13	Do	13	Sa	13	Di	13
Fr	14	Mo	14	Di	14	Fr	14	So	14	Mi	14
Sa	15	Di	15	Mi	15	Sa	15	Mo	15	Do	15
So	16	Mi	16	Do	16	So	16	Di	16	Fr	16
Mo	17	Do	17	Fr	17	Mo	17	Mi	17	Sa	17
Di	18	Fr	18	Sa	18	Di	18	Do	18	So	18
Mi	19	Sa	19	So	19	Mi	19	Fr	19	Mo	19
Do	20	So	20	Mo	20	Do	20	Sa	20	Di	20
Fr	21	Mo	21	Di	21	Fr	21	So	21	Mi	21
Sa	22	Di	22	Mi	22	Sa	22	Mo	22	Do	22
So	23	Mi	23	Do	23	So	23	Di	23	Fr	23
Mo	24	Do	24	Fr	24	Mo	24	Mi	24	Sa	24
Di	25	Fr	25	Sa	25	Di	25	Do	25	So	25
Mi	26	Sa	26	So	26	Mi	26	Fr	26	Mo	26
Do	27	So	27	Mo	27	Do	27	Sa	27	Di	27
Fr	28	Mo	28	Di	28	Fr	28	So	28	Mi	28
Sa	29	Di	29	Mi	29	Sa	29	Mo	29	Do	29
So	30			Do	30	So	30	Di	30	Fr	30
Mo	31			Fr	31			Mi	31		

Widder Stier Zwillinge Krebs Löwe Jungfrau Waage Skorpion Schütze Steinbock Wassermann Fi

JULI

Tag	Mond	Zeichen
1	●	♊
2	(●)	♋
3	☽	♋
4	☽	♌
5	☽	♌
6	☽	♍
7	☽	♍
8	☽	♎
9	☽	♎
10	☽	♏
11	☽	♏
12	☽	♏
13	☽	♐
14	☽	♐
15	(○)	♑
16	○	♑
17	(○)	♑
18	☾	♒
19	☾	♒
20	☾	♓
21	☾	♓
22	☾	♓
23	☾	♈
24	☾	♈
25	☾	♉
26	☾	♉
27	☾	♊
28	☾	♊
29	☾	♋
30	(●)	♋
31	●	♌

AUGUST

Tag		Mond	Zeichen
Di	1	(●)	♌
Mi	2	☽	♍
Do	3	☽	♍
Fr	4	☽	♎
Sa	5	☽	♎
So	6	☽	♏
Mo	7	☽	♏
Di	8	☽	♏
Mi	9	☽	♐
Do	10	☽	♐
Fr	11	☽	♑
Sa	12	☽	♑
So	13	☽	♑
Mo	14	(○)	♒
Di	15	○	♒
Mi	16	(○)	♓
Do	17	☾	♓
Fr	18	☾	♓
Sa	19	☾	♈
So	20	☾	♈
Mo	21	☾	♉
Di	22	☾	♉
Mi	23	☾	♊
Do	24	☾	♊
Fr	25	☾	♋
Sa	26	☾	♋
So	27	☾	♌
Mo	28	(●)	♌
Di	29	●	♍
Mi	30	(●)	♍
Do	31	☽	♍

SEPTEMBER

Tag		Mond	Zeichen
Fr	1	☽	♎
Sa	2	☽	♎
So	3	☽	♏
Mo	4	☽	♏
Di	5	☽	♐
Mi	6	☽	♐
Do	7	☽	♐
Fr	8	☽	♑
Sa	9	☽	♑
So	10	☽	♒
Mo	11	☽	♒
Di	12	(○)	♒
Mi	13	○	♓
Do	14	(○)	♓
Fr	15	☾	♈
Sa	16	☾	♈
So	17	☾	♉
Mo	18	☾	♉
Di	19	☾	♉
Mi	20	☾	♊
Do	21	☾	♊
Fr	22	☾	♋
Sa	23	☾	♋
So	24	☾	♌
Mo	25	☾	♌
Di	26	(●)	♍
Mi	27	●	♍
Do	28	(●)	♎
Fr	29	☽	♎
Sa	30	☽	♏

OKTOBER

Tag		Mond	Zeichen
So	1	☽	♏
Mo	2	☽	♐
Di	3	☽	♐
Mi	4	☽	♐
Do	5	☽	♑
Fr	6	☽	♑
Sa	7	☽	♒
So	8	☽	♒
Mo	9	☽	♒
Di	10	☽	♓
Mi	11	☽	♓
Do	12	(○)	♈
Fr	13	○	♈
Sa	14	(○)	♈
So	15	☾	♉
Mo	16	☾	♉
Di	17	☾	♊
Mi	18	☾	♊
Do	19	☾	♋
Fr	20	☾	♋
Sa	21	☾	♌
So	22	☾	♌
Mo	23	☾	♍
Di	24	☾	♍
Mi	25	☾	♎
Do	26	(●)	♎
Fr	27	●	♎
Sa	28	(●)	♏
So	29	☽	♏
Mo	30	☽	♐
Di	31	☽	♐

NOVEMBER

Tag		Mond	Zeichen
Mi	1	☽	♑
Do	2	☽	♑
Fr	3	☽	♑
Sa	4	☽	♒
So	5	☽	♒
Mo	6	☽	♓
Di	7	☽	♓
Mi	8	☽	♓
Do	9	☽	♈
Fr	10	(○)	♈
Sa	11	○	♉
So	12	(○)	♉
Mo	13	☾	♊
Di	14	☾	♊
Mi	15	☾	♋
Do	16	☾	♋
Fr	17	☾	♌
Sa	18	☾	♌
So	19	☾	♍
Mo	20	☾	♍
Di	21	☾	♍
Mi	22	☾	♎
Do	23	☾	♎
Fr	24	☾	♏
Sa	25	(●)	♏
So	26	●	♐
Mo	27	(●)	♐
Di	28	☽	♐
Mi	29	☽	♑
Do	30	☽	♑

DEZEMBER

Tag		Mond	Zeichen
Fr	1	☽	♒
Sa	2	☽	♒
So	3	☽	♒
Mo	4	☽	♓
Di	5	☽	♓
Mi	6	☽	♈
Do	7	☽	♈
Fr	8	☽	♉
Sa	9	☽	♉
So	10	(○)	♉
Mo	11	○	♊
Di	12	(○)	♊
Mi	13	☾	♋
Do	14	☾	♋
Fr	15	☾	♌
Sa	16	☾	♌
So	17	☾	♍
Mo	18	☾	♍
Di	19	☾	♎
Mi	20	☾	♎
Do	21	☾	♏
Fr	22	☾	♏
Sa	23	☾	♐
So	24	(●)	♐
Mo	25	●	♐
Di	26	(●)	♑
Mi	27	☽	♑
Do	28	☽	♒
Fr	29	☽	♒
Sa	30	☽	♒
So	31	☽	♓

● *Neumond* ☽ *zunehmend* ○ *Vollmond* ☾ *abnehmend*

JANUAR	FEBRUAR	MÄRZ	APRIL	MAI	JUNI
Mo 1	Do 1	Do 1	**So** 1	Di 1	Fr 1
Di 2	Fr 2	Fr 2	Mo 2	Mi 2	Sa 2
Mi 3	Sa 3	Sa 3	Di 3	Do 3	**So** 3
Do 4	**So** 4	**So** 4	Mi 4	Fr 4	Mo 4
Fr 5	Mo 5	Mo 5	Do 5	Sa 5	Di 5
Sa 6	Di 6	Di 6	Fr 6	**So** 6	Mi 6
So 7	Mi 7	Mi 7	Sa 7	Mo 7	Do 7
Mo 8	Do 8	Do 8	**So** 8	Di 8	Fr 8
Di 9	Fr 9	Fr 9	Mo 9	Mi 9	Sa 9
Mi 10	Sa 10	Sa 10	Di 10	Do 10	**So** 10
Do 11	**So** 11	**So** 11	Mi 11	Fr 11	Mo 11
Fr 12	Mo 12	Mo 12	Do 12	Sa 12	Di 12
Sa 13	Di 13	Di 13	Fr 13	**So** 13	Mi 13
So 14	Mi 14	Mi 14	Sa 14	Mo 14	Do 14
Mo 15	Do 15	Do 15	**So** 15	Di 15	Fr 15
Di 16	Fr 16	Fr 16	Mo 16	Mi 16	Sa 16
Mi 17	Sa 17	Sa 17	Di 17	Do 17	**So** 17
Do 18	**So** 18	**So** 18	Mi 18	Fr 18	Mo 18
Fr 19	Mo 19	Mo 19	Do 19	Sa 19	Di 19
Sa 20	Di 20	Di 20	Fr 20	**So** 20	Mi 20
So 21	Mi 21	Mi 21	Sa 21	Mo 21	Do 21
Mo 22	Do 22	Do 22	**So** 22	Di 22	Fr 22
Di 23	Fr 23	Fr 23	Mo 23	Mi 23	Sa 23
Mi 24	Sa 24	Sa 24	Di 24	Do 24	**So** 24
Do 25	**So** 25	**So** 25	Mi 25	Fr 25	Mo 25
Fr 26	Mo 26	Mo 26	Do 26	Sa 26	Di 26
Sa 27	Di 27	Di 27	Fr 27	**So** 27	Mi 27
So 28	Mi 28	Mi 28	Sa 28	Mo 28	Do 28
Mo 29		Do 29	**So** 29	Di 29	Fr 29
Di 30		Fr 30	Mo 30	Mi 30	Sa 30
Mi 31		Sa 31		Do 31	

Widder Stier Zwillinge Krebs Löwe Jungfrau Waage Skorpion Schütze Steinbock Wassermann Fis

JULI	AUGUST		SEPTEMBER		OKTOBER		NOVEMBER		DEZEMBER	
1	*Mi*	1	*Sa*	1	*Mo*	1	*Do*	1	*Sa*	1
2	*Do*	2	***So***	2	*Di*	2	*Fr*	2	***So***	2
3	*Fr*	3	*Mo*	3	*Mi*	3	*Sa*	3	*Mo*	3
4	*Sa*	4	*Di*	4	*Do*	4	***So***	4	*Di*	4
5	***So***	5	*Mi*	5	*Fr*	5	*Mo*	5	*Mi*	5
6	*Mo*	6	*Do*	6	*Sa*	6	*Di*	6	*Do*	6
7	*Di*	7	*Fr*	7	***So***	7	*Mi*	7	*Fr*	7
8	*Mi*	8	*Sa*	8	*Mo*	8	*Do*	8	*Sa*	8
9	*Do*	9	***So***	9	*Di*	9	*Fr*	9	***So***	9
10	*Fr*	10	*Mo*	10	*Mi*	10	*Sa*	10	*Mo*	10
11	*Sa*	11	*Di*	11	*Do*	11	***So***	11	*Di*	11
12	***So***	12	*Mi*	12	*Fr*	12	*Mo*	12	*Mi*	12
13	*Mo*	13	*Do*	13	*Sa*	13	*Di*	13	*Do*	13
14	*Di*	14	*Fr*	14	***So***	14	*Mi*	14	*Fr*	14
15	*Mi*	15	*Sa*	15	*Mo*	15	*Do*	15	*Sa*	15
16	*Do*	16	***So***	16	*Di*	16	*Fr*	16	***So***	16
17	*Fr*	17	*Mo*	17	*Mi*	17	*Sa*	17	*Mo*	17
18	*Sa*	18	*Di*	18	*Do*	18	***So***	18	*Di*	18
19	***So***	19	*Mi*	19	*Fr*	19	*Mo*	19	*Mi*	19
20	*Mo*	20	*Do*	20	*Sa*	20	*Di*	20	*Do*	20
21	*Di*	21	*Fr*	21	***So***	21	*Mi*	21	*Fr*	21
22	*Mi*	22	*Sa*	22	*Mo*	22	*Do*	22	*Sa*	22
23	*Do*	23	***So***	23	*Di*	23	*Fr*	23	***So***	23
24	*Fr*	24	*Mo*	24	*Mi*	24	*Sa*	24	*Mo*	24
25	*Sa*	25	*Di*	25	*Do*	25	***So***	25	*Di*	25
26	***So***	26	*Mi*	26	*Fr*	26	*Mo*	26	*Mi*	26
27	*Mo*	27	*Do*	27	*Sa*	27	*Di*	27	*Do*	27
28	*Di*	28	*Fr*	28	***So***	28	*Mi*	28	*Fr*	28
29	*Mi*	29	*Sa*	29	*Mo*	29	*Do*	29	*Sa*	29
30	*Do*	30	***So***	30	*Di*	30	*Fr*	30	***So***	30
31	*Fr*	31			*Mi*	31			*Mo*	31

Neumond *zunehmend* *Vollmond* *abnehmend*

	JANUAR	FEBRUAR	MÄRZ	APRIL	MAI	JUNI
1	Di – Löwe	Fr – Jungfrau	Fr – Waage	Mo – Skorpion	Mi – Steinbock	Sa – Wassermann
2	Mi – Löwe	Sa – Waage	Sa – Waage	Di – Schütze	Do – Steinbock	So – Fische
3	Do – Jungfrau	So – Waage	So – Skorpion	Mi – Schütze	Fr – Steinbock	Mo – Fische
4	Fr – Jungfrau	Mo – Skorpion	Mo – Skorpion	Do – Steinbock	Sa – Wassermann	Di – Fische
5	Sa – Jungfrau	Di – Skorpion	Di – Schütze	Fr – Steinbock	So – Wassermann	Mi – Widder
6	So – Waage	Mi – Schütze	Mi – Schütze	Sa – Wassermann	Mo – Fische	Do – Widder
7	Mo – Waage	Do – Schütze	Do – Schütze	So – Wassermann	Di – Fische	Fr – Widder
8	Di – Skorpion	Fr – Steinbock	Fr – Steinbock	Mo – Wassermann	Mi – Fische	Sa – Stier
9	Mi – Skorpion	Sa – Steinbock	Sa – Steinbock	Di – Fische	Do – Widder	So – Stier
10	Do – Schütze	So – Steinbock	So – Wassermann	Mi – Fische	Fr – Widder	Mo – Zwillinge
11	Fr – Schütze	Mo – Wassermann	Mo – Wassermann	Do – Widder	Sa – Stier	Di – Zwillinge
12	Sa – Steinbock	Di – Wassermann	Di – Wassermann	Fr – Widder	So – Stier	Mi – Krebs
13	So – Steinbock	Mi – Fische	Mi – Fische	Sa – Widder	Mo – Stier	Do – Krebs
14	Mo – Steinbock	Do – Fische	Do – Fische	So – Stier	Di – Zwillinge	Fr – Löwe
15	Di – Wassermann	Fr – Fische	Fr – Widder	Mo – Stier	Mi – Zwillinge	Sa – Löwe
16	Mi – Wassermann	Sa – Widder	Sa – Widder	Di – Zwillinge	Do – Krebs	So – Löwe
17	Do – Fische	So – Widder	So – Widder	Mi – Zwillinge	Fr – Krebs	Mo – Jungfrau
18	Fr – Fische	Mo – Stier	Mo – Stier	Do – Zwillinge	Sa – Löwe	Di – Jungfrau
19	Sa – Fische	Di – Stier	Di – Stier	Fr – Krebs	So – Löwe	Mi – Waage
20	So – Widder	Mi – Stier	Mi – Zwillinge	Sa – Krebs	Mo – Jungfrau	Do – Waage
21	Mo – Widder	Do – Zwillinge	Do – Zwillinge	So – Löwe	Di – Jungfrau	Fr – Skorpion
22	Di – Stier	Fr – Zwillinge	Fr – Zwillinge	Mo – Löwe	Mi – Jungfrau	Sa – Skorpion
23	Mi – Stier	Sa – Krebs	Sa – Krebs	Di – Jungfrau	Do – Waage	So – Schütze
24	Do – Stier	So – Krebs	So – Krebs	Mi – Jungfrau	Fr – Waage	Mo – Schütze
25	Fr – Zwillinge	Mo – Löwe	Mo – Löwe	Do – Waage	Sa – Skorpion	Di – Steinbock
26	Sa – Zwillinge	Di – Löwe	Di – Löwe	Fr – Waage	So – Skorpion	Mi – Steinbock
27	So – Krebs	Mi – Jungfrau	Mi – Jungfrau	Sa – Skorpion	Mo – Schütze	Do – Wassermann
28	Mo – Krebs	Do – Jungfrau	Do – Jungfrau	So – Skorpion	Di – Schütze	Fr – Wassermann
29	Di – Löwe		Fr – Waage	Mo – Schütze	Mi – Steinbock	Sa – Wassermann
30	Mi – Löwe		Sa – Waage	Di – Schütze	Do – Steinbock	So – Fische
31	Do – Jungfrau		So – Skorpion		Fr – Wassermann	

Widder · Stier · Zwillinge · Krebs · Löwe · Jungfrau · Waage · Skorpion · Schütze · Steinbock · Wassermann · Fisc

JULI

Mo	1	(	Fische
Di	2	(	Widder
Mi	3	(	Widder
Do	4	(	Widder
Fr	5	(	Stier
Sa	6	(	Stier
So	7	(	Zwillinge
Mo	8	(	Zwillinge
Di	9	(●)	Zwillinge
Mi	10	●	Krebs
Do	11	(●)	Krebs
Fr	12	)	Löwe
Sa	13	)	Löwe
So	14	)	Jungfrau
Mo	15	)	Jungfrau
Di	16	)	Waage
Mi	17	)	Waage
Do	18	)	Skorpion
Fr	19	)	Skorpion
Sa	20	)	Schütze
So	21	)	Schütze
Mo	22	)	Steinbock
Di	23	(○)	Steinbock
Mi	24	○	Steinbock
Do	25	(○)	Wassermann
Fr	26	(	Wassermann
Sa	27	(	Fische
So	28	(	Fische
Mo	29	(	Fische
Di	30	(	Widder
Mi	31	(	Widder

AUGUST

Do	1	(	Stier
Fr	2	(	Stier
Sa	3	(	Stier
So	4	(	Zwillinge
Mo	5	(	Zwillinge
Di	6	(	Krebs
Mi	7	(●)	Krebs
Do	8	●	Löwe
Fr	9	(●)	Löwe
Sa	10	)	Jungfrau
So	11	)	Jungfrau
Mo	12	)	Waage
Di	13	)	Waage
Mi	14	)	Skorpion
Do	15	)	Skorpion
Fr	16	)	Schütze
Sa	17	)	Schütze
So	18	)	Schütze
Mo	19	)	Steinbock
Di	20	)	Steinbock
Mi	21	(○)	Wassermann
Do	22	○	Wassermann
Fr	23	(○)	Fische
Sa	24	(	Fische
So	25	(	Fische
Mo	26	(	Widder
Di	27	(	Widder
Mi	28	(	Stier
Do	29	(	Stier
Fr	30	(	Stier
Sa	31	(	Zwillinge

SEPTEMBER

So	1	(	Zwillinge
Mo	2	(	Krebs
Di	3	(	Krebs
Mi	4	(	Krebs
Do	5	(	Löwe
Fr	6	(●)	Löwe
Sa	7	●	Jungfrau
So	8	(●)	Jungfrau
Mo	9	)	Waage
Di	10	)	Waage
Mi	11	)	Skorpion
Do	12	)	Skorpion
Fr	13	)	Schütze
Sa	14	)	Schütze
So	15	)	Steinbock
Mo	16	)	Steinbock
Di	17	)	Wassermann
Mi	18	)	Wassermann
Do	19	)	Wassermann
Fr	20	(○)	Fische
Sa	21	○	Fische
So	22	(○)	Widder
Mo	23	(	Widder
Di	24	(	Widder
Mi	25	(	Stier
Do	26	(	Stier
Fr	27	(	Zwillinge
Sa	28	(	Zwillinge
So	29	(	Zwillinge
Mo	30	(	Krebs

OKTOBER

Di	1	(	Krebs
Mi	2	(	Löwe
Do	3	(	Löwe
Fr	4	(	Jungfrau
Sa	5	(●)	Jungfrau
So	6	●	Waage
Mo	7	(●)	Waage
Di	8	)	Skorpion
Mi	9	)	Skorpion
Do	10	)	Schütze
Fr	11	)	Schütze
Sa	12	)	Steinbock
So	13	)	Steinbock
Mo	14	)	Steinbock
Di	15	)	Wassermann
Mi	16	)	Wassermann
Do	17	)	Fische
Fr	18	)	Fische
Sa	19	)	Widder
So	20	(○)	Widder
Mo	21	○	Widder
Di	22	(○)	Stier
Mi	23	(	Stier
Do	24	(	Stier
Fr	25	(	Zwillinge
Sa	26	(	Zwillinge
So	27	(	Krebs
Mo	28	(	Krebs
Di	29	(	Löwe
Di	30	(	Löwe
Mi	31	(	Jungfrau

NOVEMBER

Fr	1	(	Jungfrau
Sa	2	(	Jungfrau
So	3	(●)	Waage
Mo	4	●	Waage
Di	5	(●)	Skorpion
Mi	6	)	Skorpion
Do	7	)	Schütze
Fr	8	)	Schütze
Sa	9	)	Steinbock
So	10	)	Steinbock
Mo	11	)	Wassermann
Di	12	)	Wassermann
Mi	13	)	Fische
Do	14	)	Fische
Fr	15	)	Fische
Sa	16	)	Widder
So	17	)	Widder
Mo	18	)	Stier
Di	19	(○)	Stier
Mi	20	○	Stier
Do	21	(○)	Zwillinge
Fr	22	(	Zwillinge
Sa	23	(	Krebs
So	24	(	Krebs
Mo	25	(	Krebs
Di	26	(	Löwe
Mi	27	(	Löwe
Do	28	(	Jungfrau
Fr	29	(	Jungfrau
Sa	30	(	Waage

DEZEMBER

So	1	(	Waage
Mo	2	(	Skorpion
Di	3	(●)	Skorpion
Mi	4	●	Schütze
Do	5	(●)	Schütze
Fr	6	)	Steinbock
Sa	7	)	Steinbock
So	8	)	Wassermann
Mo	9	)	Wassermann
Di	10	)	Wassermann
Mi	11	)	Fische
Do	12	)	Fische
Fr	13	)	Widder
Sa	14	)	Widder
So	15	)	Widder
Mo	16	)	Stier
Di	17	)	Stier
Mi	18	(○)	Zwillinge
Do	19	○	Zwillinge
Fr	20	(○)	Krebs
Sa	21	(	Krebs
So	22	(	Krebs
Mo	23	(	Löwe
Di	24	(	Löwe
Mi	25	(	Jungfrau
Do	26	(	Jungfrau
Fr	27	(	Waage
Sa	28	(	Waage
So	29	(	Skorpion
Mo	30	(	Skorpion
Di	31	(	Schütze

Neumond ●   ) *zunehmend*   ○ *Vollmond*   (*abnehmend*

Im Überblick: Fitness, Beauty und Ernährung

Planen Sie eine Fastenkur, einen ausgiebigen Termin bei der Kosmetikerin oder haben Sie vor, endlich mit einem Yoga- oder Fitness-Programm zu starten? Wollen Sie sich ein Beauty-Wochenende zu Hause gönnen oder einfach nur auf die schnelle ein paar Pfunde abnehmen? Dann lohnt es sich, in die nebenstehende Tabelle zu schauen und sich sozusagen auf einen Blick den richtigen Zeitpunkt auszuwählen.

Jede der vier Mondphasen wirkt sich ganz spezifisch auf das gesamte irdische Leben – auf Mensch, Tier und Pflanzenwelt – aus. Ein grundlegendes Verständnis für diesen zyklischen Wandel in der gesamten Natur haben Sie bereits durch das einleitende Kapitel bekommen. Bevor Sie sich in den folgenden Kapiteln ausführlich darüber informieren, welche Auswirkungen die Mondphasen im einzelnen auf Ihr Fitness-Training, Ihre Schönheitspflege und Ihre Ernährung haben, hier schon einmal ein erster Überblick, der es Ihnen erleichtern soll, die Prinzipien der verschiedenen Phasen zu verstehen.

Je nachdem, ob der Mond zu- oder abnimmt steigen die Erfolgschancen für Ihr Beauty-, Fitness- und Ernährungsprogramm, denn die Bereitschaft des Körpers, Stoffe aufzunehmen und zu verwerten beziehungsweise abzuleiten und herauszuspülen, wird vom Mond sozusagen »ferngesteuert«.

Die nebenstehende Tabelle zeigt Ihnen in komprimierter Form die Hauptimpulse der einzelnen Mondphasen und vor allem auch, welche Konsequenzen diese für Fitness, Beauty und Ernährung haben. Wenn Sie sich die Schlüsselbegriffe für die einzelnen Phasen einprägen, wird es ein leichtes für Sie sein, den Einfluß des Mondes bewußt in Ihr tägliches Leben zu integrieren und sich zunutze zu machen. Sie werden erstaunt sein, wieviel leichter Ihnen vieles fällt, wenn Sie nicht mehr gegen die Kräfte des Mondes, sondern im Einklang mit ihnen leben!

Ein Vorschlag: Kopieren Sie sich doch die nebenstehende Übersichtstabellen und hängen Sie sie in Ihrem Badezimmer, in Ihrer Küche oder wo immer Sie möchten – idealerweise natürlich neben einem Kalender, in dem die Mondphasen eingezeichnet sind –, auf. Es wird sicherlich nicht lange dauern, bis Sie das Prinzip verinnerlicht haben, aber für den Anfang kann das eine gute Unterstützung sein.

Mondphase	Neumond	Zunehmender Mond	Vollmond	Abnehmender Mond
Schlüsselbegriffe	***Neubeginn, Reinigung, Entgiftung Der Körper läßt los!***	***Aufnahme, Verwertung, Kräftigung Der Körper sammelt!***	***Erregung, Aggression, Nervosität, Emotion Der Körper hält fest!***	***Aktivität, Entwässerung, Entschlackung Der Körper gibt ab!***
Fitness	Ganzheitliche Bewegungsarten wie Yoga, Taijiquan, Qigong für Körper, Geist & Seele	Muskelaufbauende Fitnessarten wie Problemzonentraining, Gewichte- und Gerätetraining, Workouts	Ausgleich durch sanfte Bewegungen & Entspannungsmethoden wie Stretching, Feldenkrais, Autogenes Training	Fettverbrennende, schweißtreibende Sportarten wie Boxing, Step, Tanzen, Rollerbladen, anstrengende Bergwanderungen
Beauty	Peelings, Fußreflexzonenmassage, Reiki, Shiatsu	Masken, Packungen, Heilsalben und gehaltvolle Öle	Beruhigende Vollbäder, Aroma-Ganzkörpermassagen, Kopfmassagen	Anti-Cellulite-Behandlung, Tiefenreinigung, Lymphaktivierende Massagen, Mani- und Pediküre
Ernährung	Fasten, Saft- oder Teekuren zum Entschlacken und Entgiften	Fettarme und vitaminreiche Ernährung, da rasche Gewichtszunahme	Verführerische, aber leichte Menüs; lieber mal auf eine Mahlzeit verzichten	Entwässernde Reis- und Kartoffelgerichte; Abnehmen fällt jetzt leicht

Fitness

MIT DEM MOND

WIE SIE DIE VIER MOND-
PHASEN FÜR IHR
GANZ PERSÖNLICHES TRAINING
NUTZEN KÖNNEN

Fit mit dem Mond

»Ich versteh' das nicht, an manchen Tagen geht bei mir absolut gar nichts – trotz bester Vorsätze und größter Anstrengungen. Manchmal fehlt mir einfach die Energie, mich zu bewegen, zu schwitzen und mich körperlich zu verausgaben, was ich zu anderen Zeiten mit großer Begeisterung tue. Und das, obwohl ich weiß, wie wichtig Kontinuität und Regelmäßigkeit für einen gesunden, vitalen und schönen Körper sind. Was ist da nur mit mir los?«
So der verzweifelte Aufschrei einer sehr körper- und fitnessbewußten Freundin, die mir vor einiger Zeit völlig entnervt ihr Problem schilderte und mich um Rat bat, wie sie zukünftig mit solchen »Verweigerungsanfällen« umgehen könnte.
Ich erzählte ihr von den Kräften des Mondes, vom Einfluß seiner Rhythmen auf uns Menschen und wie wichtig der richtige Zeitpunkt auch für ein gezieltes Fitnesstraining ist. Ich bat sie, sich zwei Monate lang konsequent an meine »Fitness-Empfehlungen mit dem Mond« zu halten und darauf zu achten, wann sie in der Stimmung für welches Fitnesskonzept ist.
Das Ergebnis bestätigte mein Mondphasen-Konzept in vollem Umfang: Körperliche Bewegung im Einklang mit den Mondenergien ist nicht nur wesentlich effektiver und erfolgreicher. Sie hält auch ganz natürlich bei Laune, denn das Training ist abwechslungsreich, frustrierende Überanstrengungen lassen sich vermeiden, und Sie behalten so die Motivation und die Lust, konstant und konsequent am Ball zu bleiben.
Wie ein roter Faden zieht sich der Einfluß des Mondes durch unseren Alltag, durch unseren Tagesablauf und unseren Biorhythmus.

Bei **zunehmendem Mond** fallen uns muskelaufbauende Workout-Programme erstaunlich leicht und wir stemmen beinahe mühelos Hanteln und Gewichte. Auch Liegestützen, Kniebeugen oder Übungen für die Problemzonen mit dem Gymnastikband, die sonst so fürchterlich anstrengend sind, laufen nun beinahe mühelos. Muskeln bilden sich jetzt schneller als sonst und mit der Zunahme des Mondes erhöht sich auch die Aufnahmefähigkeit des Körpers und der Muskulatur.
Der Höhepunkt ist bei **Vollmond** erreicht, allerdings reagiert der Organismus auf die starken Energien dieser Mondphase oft auch mit Unruhe und Nervosität. Ergänzende Körperprogramme, die beruhigen und ausgleichen, wie Stretching, Autogenes Training oder Taijiquan stehen jetzt auf der Tagesordnung.
Die Impulse der **abnehmenden Mondphase** dagegen setzen Energien frei. Alle aeroben, Herz und Kreislauf stärkenden und schweißtreibenden Akti-

vitäten sind jetzt begünstigt: Tanzen, Steppen, Seilspringen, Joggen und schnelles Gehen machen in dieser Phase besonders Laune und lassen überschüssige Pfunde purzeln.

Die Engiftungsbereitschaft des Körpers erreicht bei **Neumond** ihren Höhepunkt und kann optimal für reinigende und besinnliche Erlebnisse und Programme wie Yoga genutzt werden.

Auf den folgenden Seiten stelle ich Ihnen Trainingsprogramme vor, die auf die Energien der vier Mondphasen abgestimmt sind und mit denen Sie die Einflüsse von »La Luna« gezielt für Ihre Fitness und Ihr körperliches Wohlbefinden nutzen können.

Die vorgestellten Programme für die Fitness sollen natürlich lediglich als Vorschlag oder Beispiel für die jeweilige Mondphase dienen, denn Sie werden sicher kaum Zeit und Lust haben, sich täglich und ausschließlich den Mondphasen entsprechend zu bewegen. Wenn Sie zum Beispiel gerne jeden Morgen 30 Minuten joggen, müssen Sie in der zunehmenden Mondphase keineswegs darauf verzichten. Aber vielleicht läßt sich das Laufprogramm mit einigen gezielten Muskelaufbauübungen kombinieren (siehe »Fitnesstraining bei zunehmendem Mond«, Seite 60). Oder Sie ergänzen das gewohnte Stretching während der abnehmenden Mondphase mit einem 20minütigen, schweißtreibenden Step Training (siehe »Fitnesstraining bei abnehmendem Mond«, Seite 80).

Mit anderen Worten: Versuchen Sie, die Schwerpunkte Ihres persönlichen Trainings der jeweiligen Mondphase anzupassen und so Ihr Training optimal zu ergänzen.

DER SONNENGRUß: 12 SCHRITTE IN DEN TAG

Der Sonnengruß ist eine jahrtausendealte Bewegungsabfolge aus dem Yoga. Er besteht aus zwölf Schritten, die so aufeinander abgestimmt sind, daß jeder Muskel während dieser Übung arbeitet.

Der Gruß an die Sonne oder auch das Sonnengebet ist eine der umfassendsten und effektivsten Bewegungssequenzen, die es gibt:

Kreislauf und Stoffwechsel werden angeregt, ein Gefühl der Wärme macht sich im ganzen Körper breit, Sie fühlen sich entspannt und gleichzeitig erfrischt und konzentriert.

Den Sonnengruß üben Sie am besten in den frühen Morgenstunden; er ist ein idealer Start in den Tag.

Im folgenden sind die zwölf Phasen des Sonnengrußes genau beschrieben. Üben Sie zunächst fünf bis zehn Durchgänge und versuchen Sie, sich später zu steigern. Üben Sie so, daß Sie etwas ins Schwitzen kommen, und achten Sie genau auf die vorgegebenen Atmungsanweisungen.

Phase 1

Stellen Sie sich aufrecht in die Grundposition, die Füße parallel, maximal in Beckenbreite nebeneinander. Spannen Sie Po- und Bauchmuskulatur an und ziehen Sie die Schulterblätter etwas nach hinten. Legen Sie Ihre Hände – wie zum Gebet – flach vor der Brust aneinander, sammeln Sie sich und atmen Sie aus.

2

3

4

Phase 2

Atmen Sie ein, indem Sie beide Arme in weitem Bogen nach oben und hinten strecken. Spüren Sie, wie Ihr Brustkorb sich weitet? Halten Sie Ihren Kopf zwischen Ihren Armen und achten Sie darauf, daß Sie ihn nicht zu sehr nach hinten überstrecken, das bekommt der empfindlichen Halswirbelsäule gar nicht gut. Halten Sie die Spannung im Beckenbereich.

Phase 3

Atmen Sie aus und beugen Sie währenddessen ihren geraden Oberkörper aus der Hüfte heraus so weit nach vorne, bis Ihre Fingerspitzen oder Ihre flachen Hände den Boden berühren (Ungeübte und Anfänger stoppen auf halber Höhe). Beine und Arme bleiben gestreckt; achten Sie darauf, daß Ihre Ellbogen- und Kniegelenke locker bleiben.

Phase 4

Machen Sie einatmend mit dem rechten Bein einen großen Schritt nach hinten, strecken Sie das Bein lang aus und setzen Sie den rechten Fuß auf. Stützen Sie sich mit den Händen rechts und links vom linken Fuß ab, die Ferse fest am Boden. Dieses Standbein bildet einen rechten Winkel.

5

6

Phase 5

Halten Sie den Atem an und strecken Sie auch das linke Bein lang nach hinten aus; Sie stehen dabei auf den Zehenspitzen. Halten Sie die Spannung im Körper, während Sie im Liegestütz stehen.

Phase 6

Atmen Sie aus und rutschen Sie dabei mit dem Oberkörper so weit über dem Boden nach vorne, bis Ihre Nase beinahe den Boden berührt.

7

8

Phase 7

Strecken Sie Ihren Oberkörper mit Hilfe der leicht angewinkelten Arme lang nach oben. Das Gesicht schaut nach vorne, während Sie einatmen.

Phase 8

Schieben Sie das Becken so weit nach oben, bis Arme und Beine gestreckt sind. Die Fersen sollten fest auf dem Boden bleiben. Atmen Sie dabei aus.

9

10

11

12

Phase 9

Ziehen Sie das linke Knie zum Oberkörper und setzen Sie den Fuß flach auf dem Boden auf, so daß Ihr Knie einen rechten Winkel bildet. Das rechte Bein ist lang nach hinten ausgestreckt, der Fußrücken liegt dabei auf dem Boden. Atmen Sie ein.

Phase 10

Einatmen. Strecken Sie die Beine und beugen Sie sich aus dem Hüftgelenk so weit nach vorne, bis die Hände den Boden berühren (Anfänger halbe Höhe). Beine und Arme bleiben gestreckt. Dabei ausatmen.

Phase 11

Kommen Sie mit dem Oberkörper hoch, beugen Sie sich bis zur Taille weit nach hinten und atmen ein.

Phase 12

Stehen Sie kerzengerade, Kopf aufrecht und die Arme hängen lassen. Atmen Sie einmal aus und einmal ein und beginnen wieder mit dem Gebet (Phase 1).

Achtung: Atmen Sie nicht öfter als 10x in der Minute ein und aus, sonst laufen Sie Gefahr zu hyperventilieren, das heißt, übermäßig Sauerstoff einzuatmen, was zu Schwindel und Übelkeit führen kann.

MUSKELSTÄRKENDE ASANAS

Das regelmäßige Praktizieren von Yoga beeinflußt einen Menschen in jeder Hinsicht. Erst durch das «innere Erleben« einer Yoga-Übung, die durch die Lenkung des Bewußtseins (Konzentration) und der Atmung (Pranayama) geschieht, wird eine «Asana« erfolgreich und zeigt Wirkung auf Körper, Geist und Seele.

Es ist daher äußerst wichtig, daß Sie jede Art von Leistungsdenken während der Übungen abstellen und Ihren Körper keinesfalls in Positionen zwingen, die sich unangenehm anfühlen. Akzeptieren Sie statt dessen den natürlichen Fluß der Bewegungen und geben Sie sich und Ihrem Körper genügend Zeit, langsam und behutsam in die Positionen zu gelangen.

Sie werden überrascht sein, wie schnell Sie mit zunehmender Übung beweglicher und muskulöser werden und nach einer gewissen Zeit beinahe wie von selbst in die anfänglich so schwierigen Positionen gelangen.

Auch hier gilt: (tägliche) Übung macht den Meister. Jede Übung läßt sich in vier Sequenzen unterteilen:

Schritt A: Die Grundhaltung einnehmen. Einatmen.

Schritt B: Den Körper zur Übungshaltung hinführen. Ausatmen.

Schritt C: Den Körper in der Übungshaltung stabilisieren. Tief und regelmäßig in den Muskel oder in die Dehnung ein- und ausatmen. Einatmen.

Schritt D: Den Körper in die Grundhaltung zurückführen. Ausatmen.

MEIN TIP

Üben Sie auf hartem Untergrund wie Holzdielen, Rasen oder Sand (nicht auf Matratzen, weichen Kissen oder einem Sofa).

Benutzen Sie eine Decke oder Matte als Untergrund, die Sie nur für diesen Zweck verwenden (ein Yogi übt auf einer Matte, die nur von ihm und keinem Fremden betreten werden darf).

Beginnen Sie Ihre Übungen mit Andacht und Ruhe.

1

2

3

Der Storch
(für Arm-, Bein- und Rückenmuskulatur, stärkt den Gleichgewichtssinn)

1 Stellen Sie sich aufrecht hin und greifen mit Daumen, Zeige- und Mittelfinger der linken Hand die linke große Zehe. Einatmen.

2 Nun strecken Sie das linke Bein behutsam aus, dabei ausatmen. Drei Atemzüge lang in dieser Position verweilen und in der umgekehrten Reihenfolge wieder in die Grundposition zurückkehren.

3 Zum Ausgleich winkeln Sie das soeben trainierte Bein ab (Knie sollten zusammenbleiben) und drücken den Fuß mit beiden Händen fest gegen den Po. Drei bis fünf Atemzüge halten.
Diese Übung 3x wiederholen, dann zum anderen Bein wechseln.

1

Die Brücke

(für Arm- und Brustmuskulatur, Oberschenkel und Po, hat eine stark anregende Wirkung und durchblutet den Solarplexus)

1 Legen Sie sich flach auf den Rücken, winkeln Sie beide Beine an und stellen Sie die Füße dabei fest auf den Boden. Tief einatmen.
Das Becken anheben und mit den Händen unterstützen. Ausatmen.
Halten Sie die Position und atmen Sie 5x regelmäßig ein und aus. Achten Sie darauf, daß die Ellenbogen dicht am Körper bleiben und der Po nicht absackt.

2 Ausgleichshaltung Krokodil:
Legen Sie sich auf den Rücken, winkeln Sie die Beine an und stellen Sie die Füße möglichst dicht am Körper auf. Einatmen und die Beine mit geschlossenen Knien behutsam nach links sinken lassen, dabei ausatmen und gleichzeitig den Kopf nach rechts drehen.
5x Vollatmung durchführen.
Wechsel zur anderen Seite.
Die Dehnung wiederholen.

2

1

2

Die Heuschrecke

(für Po, Oberschenkel und Rücken, durchblutet die Schleimhäute der Verdauungsdrüsen und sorgt für gute Darmtätigkeit)

1 Legen Sie sich auf den Bauch, schieben Sie die Handrücken unter die Oberschenkel und berühren Sie mit Nase und Kinn den Boden. Tief einatmen, die Hände fest gegen den Boden drücken und im Wechsel langsam das rechte und das linke gestreckte Bein aus der Hüfte heraus anheben.

2 Ausgleichshaltung Demut: Verlagern Sie Ihr Gewicht nach hinten, setzen Sie sich mit dem Po auf die Fersen und legen Sie Ihre Stirn am Boden ab. Arme am Körper lang ausstrecken, die Handflächen zeigen nach oben. Fünf Vollatmungen durchführen.

1

2

Die Bauchrolle

(für Bauch und Beine)

1 Legen Sie sich auf den Rücken, machen Sie drei Vollatmungen, atmen Sie ein, winkeln Sie beide Beine an, die Arme lang nach vorne gestreckt, und rollen Sie beim Ausatmen mit dem Oberkörper bis zum Brustwirbel hoch. In dieser Position bleiben und zehn Stoßatmungen durchführen, bei denen der Brustkorb minimal mitschwingt. Einatmen und beim Ausatmen langsam wieder in die Grundhaltung zurückrollen. In entspannter Rückenlage drei Vollatmungen durchführen.
3x wiederholen.

2 Ausgleichshaltung Fisch:
Auf dem Rücken liegend heben Sie das Brustbein, pressen Sie die Schulterblätter zusammen und wölben Sie die Wirbelsäule nach oben, bis Ihr Scheitel fast den Boden berührt. Machen Sie fünf ruhige Atemzüge.

1

2

3

Der Hund
(für Schultern, Arme, Rücken, Po und Beine)

1 Legen Sie sich auf den Bauch, Füße parallel und die Hände in Brusthöhe mit gespreizten Fingern auf den Boden auflegen. Einatmen.

2 Ausatmend den Kopf in den Nacken legen und so weit mit dem Oberkörper hochkommen, bis sich Hüfte und Knie vom Boden abheben. Der Körper wird jetzt nur noch von den Händen und Füßen getragen. Drei bis sechs ruhige Atemzüge lang die Position halten und ausatmend langsam in die Grundstellung zurückgehen. 5x wiederholen.

3 Ausgleichshaltung:
Auf den Rücken rollen und die Beine anwinkeln. Einatmen, mit beiden Händen die Knie umfassen und beim Ausatmen zum Körper ziehen.
Die Dehnung 10x wiederholen.

1

2

Das Lineal

(für Schultern, Arme, Brust, Rücken, Po, Oberschenkel und Waden)

Legen Sie sich auf den Bauch, winkeln Sie beide Arme an und pressen Sie die Ellenbogen eng an den Körper. Die Hände zu Fäusten ballen, die Füße aufstellen und einatmen.

1 Stemmen Sie den ganzen Körper so weit hoch, bis er eine gerade Linie bildet und atmen Sie dabei aus. Achten Sie unbedingt darauf, daß Sie weder mit dem Po absacken noch dabei ins Hohlkreuz gehen. Fünf ruhige Atemzüge in der Position bleiben, einatmen und beim Ausatmen wieder in die Grundhaltung zurückkehren. Fünf Vollatmungen in der entspannten Bauchlage durchführen und die Übung 1 bis 2x wiederholen.

2 Ausgleichshaltung:
In der Bauchlage die rechte Hand unter die Stirn schieben, das linke Bein seitlich zum Körper anwinkeln und das Knie mit der linken Hand behutsam zum Oberkörper ziehen. Drei bis fünf Vollatmungen in dieser Position, dann Bein- und Armwechsel.

1

2

Der Yoga-Walk
(für den unteren Rücken- und Lendenwirbelbereich, Bauch und Beine)

Auf den Rücken legen, die Wirbelsäule fest gegen den Boden pressen und das linke Bein lang ausstrecken.
1 Anfänger winkeln das rechte Bein an, umfassen mit beiden Händen das Knie und drücken es sanft gegen den Brustkorb.
Fortgeschrittene strecken das rechte Bein senkrecht nach oben und ziehen es behutsam zum Oberkörper.
Nun beide Füße anspannen (flexen), einatmen und während Sie langsam wieder ausatmen das linke Bein kerzengerade langsam anheben und nach oben strecken. Achten Sie darauf, daß dieses Bein sauber gestreckt bleibt und halten Sie diese Position fünf ruhige Atemzüge lang.
Einatmen und beim Ausatmen wieder in die Grundhaltung zurückkehren. Wiederholen Sie diese Übung 5x, führen Sie dann fünf Vollatmungen in der entspannten Rückenlage durch und wechseln Sie zum anderen Bein.

2 Ausgleichsdehnung:
In der Rückenlage bleiben, beide Beine senkrecht nach oben strecken, mit den Händen hinter den gestreckten Beinen ineinandergreifen und mit dem Oberkörper bis zum Brustwirbel hochrollen. Tief einatmen und 10 bis 15 Stoßatmungen durchführen.

DYNAMISCHE DEHNUNGEN

Gehören Sie zu den Anfängern und haben noch nie zuvor aktiv an einem Bewegungsprogramm teilgenommen? Dann werden Ihnen sicher einige der hier vorgestellten Dehnübungen alles andere als bequem und sympathisch vorkommen. Vieles werden Sie nur teilweise oder unvollkommen ausführen können. Durch jahrelange, einseitige und mangelhafte Beanspruchung Ihres Körpers fehlt Ihnen die nötige Beweglichkeit und Leichtigkeit.

Aber keine Bange, das läßt sich alles durch regelmäßiges Üben und Trainieren wiedererlangen.

Durch die dynamischen Yoga-Dehnungen werden nicht nur Ihre Muskeln wieder flexibler. Auch Ihre Sehnen und Bänder gewinnen ein hohes Maß an Stabilität und Festigkeit zurück, was wiederum für die korrekte Ausführung der Asanas wichtig ist. Auf diese Weise fällt Ihnen dann auch das gesamte Yoga-Programm leichter.

Der Berg

Stellen Sie sich aufrecht hin, Füße parallel. Einatmen. Während Sie ausatmen, drücken Sie die Fersen fest in den Boden, so daß Waden- und Beinmuskulatur gestreckt werden. Ziehen Sie gleichzeitig die Schultern kräftig herunter, so als würden an Ihren Fingerspitzen Gewichte hängen. Spüren Sie die Dehnung im Rücken, an den Armen sowie im Schulter- und Lendenbereich?

Halten Sie die Dehnung für fünf ruhige Atemzüge.

MEIN TIP

Die Dehnungen Berg, Monument und Segel lassen sich auch hervorragend kombinieren, und zwar in folgender Reihenfolge: Berg – Monument, rechtes Bein vor – Segel – Berg – Monument, linkes Bein vor – Segel – Berg. Führen Sie die Kombination 5x pro Seite/Bein aus.

Das Monument

Machen Sie mit dem linken Bein einen großen Schritt nach vorne, strecken Sie das hintere Bein und drehen Sie den Fuß nach außen. Gehen Sie mit dem vorderen Bein in die Beuge, so daß ein rechter Winkel entsteht (Knie und Ferse bilden dabei eine gerade, senkrechte Linie). Atmen Sie aus und strecken beide Arme lang nach oben. Spüren Sie die Dehnung bis in die Fingerspitzen? Verweilen Sie in dieser Position. Die Schultern sind entspannt, das Kinn leicht angehoben, Bauch und Oberkörper gestreckt. Versuchen Sie, die Ferse des hinteren Fußes auf dem Boden zu lassen. Verweilen Sie fünf bis sieben ruhige Atemzüge in dieser Position, richten Sie sich auf und ziehen das hintere Bein an das vordere Bein heran. Führen Sie in der Ausgangsposition drei Vollatmungen durch. Wiederholen Sie 3x, dann Wechsel zum anderen Bein.

Das Segel

Spreizen Sie die Beine weit auseinander, die Knie sind locker und das Becken nach vorne gekippt. Einatmen, beide Arme seitlich in Schulterhöhe lang ausstrecken und die Handinnenflächen nach unten drehen.
Die Schultern bleiben entspannt, der Hals ist lang und Ihr Blick geht gerade nach vorne. Atmen Sie aus und strecken Sie dabei die Arme gleichzeitig in beide Richtungen lang aus, so als ob jemand von zwei Seiten an Ihren Händen zieht.
Für drei bis fünf ruhige Atemzüge in dieser Position verweilen, dann das rechte Bein an das linke Bein heranziehen und drei Vollatmungen durchführen.
Wiederholen Sie 3 bis 5x.

1

2

Die Triangel

Gehen Sie in den seitlichen Ausfallschritt, atmen Sie ein, drehen Sie den rechten Fuß aus und beugen Sie das dazugehörige Bein, bis es einen rechten Winkel bildet.
Der Oberkörper bleibt parallel zu den Beinen, die Ferse des gestreckten Beines drückt in den Boden.
Ausatmen, den linken Arm lang nach oben strecken, bis der Arm mit dem Oberkörper eine gerade Linie bildet. Den Oberkörper nach links neigen.

1 Anfänger legen den rechten Arm angewinkelt auf das Knie.

2 Fortgeschrittene strecken den rechten Arm und das rechte Bein und legen die Hand flach auf den Fußrücken.
Mit dem Gesicht nach oben zur Hand schauen und die Position für drei bis sieben ruhige Atemzüge halten. Wiederholen Sie 3x, dann Seitenwechsel.

Der Rücken-Twist

Setzen Sie sich auf den Boden, strecken Sie die Beine aus und richten Sie den Rücken auf. Das rechte Bein lang ausstrecken, mit dem linken Arm nahe am Körper abstützen und das linke Bein anwinkeln. Einatmen und den Oberkörper weit nach links drehen (auf gerade Haltung achten), das Gesicht folgt der linken Schulter. Gleichzeitig mit dem rechten, ausgestreckten Arm das linke Knie an der Außenseite nach innen drücken. Dabei ausatmen.

Die Position für fünf ruhige Atemzüge halten und Seitenwechsel.

1

2

Partner Stretch

Setzen Sie sich mit Ihrer Partnerin auf den Boden.

1 Partnerin A (rechts im Bild) spreizt die Beine so weit, wie es ihr angenehm ist, zieht die Füße an (flexen) und hält den Rücken gerade. Sie umfaßt nun mit beiden Händen den Hals ihrer Partnerin (B, links im Bild), die Schultern bleiben dabei entspannt und sie schaut geradeaus.

Partnerin B winkelt beide Beine an und drückt mit den Füßen sanft gegen die Innenschenkel der Partnerin. Umfassen Sie Partnerin A mit gestreckten Armen, der Rücken bleibt gerade, und atmen Sie ein. Atmen Sie aus und strecken Sie langsam Ihre Beine.

2 Der Oberkörper von Partnerin A geht jetzt automatisch mit nach vorne. Rücken, Beine und Arme werden gedehnt.

Vorsicht, gehen Sie sanft und behutsam vor und nur bis zu dem Punkt, wo eine Dehnung noch als angenehm empfunden wird.

Bleiben Sie fünf ruhige Atemzüge in dieser Dehnung, kehren Sie in die Grundhaltung zurück und wiederholen Sie 2x.

Wechseln Sie die Positionen und wiederholen Sie die Übung.

Fitnesstraining bei zunehmendem Mond

MUSKELTRAINING ZUR STÄRKUNG

»Einen kräftigen, gesunden und vitalen Körper, wohlproportioniert und mit Rundungen an genau den richtigen Stellen«, diese Antwort war eine der beliebtesten unter jungen Menschen zwischen 20 und 50 auf die Frage, was ihnen im Leben wichtig sei. Der Wunsch ist nur zu verständlich.

Aber leider gilt auch hier: ohne Fleiß keinen Preis. Denn unsere Muskulatur ist von Natur aus eher träge und passiv. Fordern wir sie nicht über die normalen und täglichen Aktivitäten wie Gehen, Sitzen und Stehen hinaus, werden auch nur soviel Muskelfasern trainiert, wie unbedingt nötig und erforderlich sind. Ein Großteil der Muskeln bleibt dann ungenutzt und damit auch unterentwickelt. Das Resultat ist schlaffe Haut, weiches Bindegewebe und hängende Körperkonturen.

Das Problemzonentraining sorgt für einen gesteigerten Energieverbrauch, baut gezielt Fett an den richtigen Stellen ab, und Muskeln bekommen mehr Volumen.

Die Folge: Das Gewebe wird von innen gefestigt, die Konturen an Bauch, Beinen und Po gestrafft und die Hautoberfläche geglättet.

Aber nicht nur für eine schöne Optik spielt ein gut trainierter Körper eine wesentliche Rolle. Auch bei Haltungsschäden und Rückenproblemen (Bandscheibe), hervorgerufen durch einseitige Belastung beziehungsweise Fehlbelastung sowie eine weit verbreitete sitzende Lebensweise, ist ein gezieltes Muskeltraining unumgänglich.

Auf den nächsten Seiten stelle ich Ihnen ein Trainingsprogramm mit dem MultiBand vor, das den Aufbau der Muskulatur ganz besonders in der zunehmenden Mondphase unterstützt und fördert, denn der Körper ist in dieser Zeit empfänglich für alles Aufbauende und Stärkende.

Da jeder Mensch seine ganz individuellen Problemzonen hat – Frauen leiden meist unter schwammigen

Oberschenkeln, Hüften und Po, bei Männern sitzt das Fett in der Regel am Bauch –, haben wir dieses Kapitel in drei »Problemzonen« unterteilt:
1. Brust, Arme & Schultern;
2. Bauch, Taille & Rücken und
3. Po & Beine.
So kann sich jeder sein individuelles, auf seine Bedürfnisse ausgerichtetes Trainingsprogramm zusammenstellen und die hier vorgestellten Übungen ganz nach Bedarf miteinander kombinieren.

ZEHN GOLDENE REGELN DES MUSKELAUFBAUS

1. Aufwärmen
Wärmen Sie sich immer vor Ihrem Training mit einem 5minütigen Cardio-Programm auf. Joggen, schnelles Gehen auf der Stelle, Seilspringen oder Fahrradfahren eignen sich besonders dazu.

2. Grundhaltung
Achten Sie auf eine korrekte und stabile Grundhaltung und stehen Sie nie im Hohlkreuz.

3. Atmung
Atmen Sie grundsätzlich bei Muskel*an*spannung aus, bei Muskel*ent*spannung ein, und halten Sie nicht vor Anstrengung den Atem an!

4. Rhythmus
Führen Sie die Bewegungsabläufe langsam, rhythmisch und kraftvoll aus und vermeiden Sie ruckartige, schnelle Bewegungen.

5. Muskelspannung
Versuchen Sie, während des vollen Bewegungsablaufes die Spannung in der Muskulatur zu halten (positive und negative Kraft).

6. Muskelkraft
Vermeiden Sie in der anstrengenden Endphase Ausweichbewegungen und schwungvolle Bewegungen, die mit dem eigentlichen Ablauf der Übung nichts zu tun haben. Unterbrechen Sie statt dessen lieber das Programm und ruhen Sie sich kurz aus (Qualität statt Quantität).

7. Kleidung und Hilfsmittel
Tragen Sie enganliegende Sportkleidung. So können Sie Ihre Körperhaltung besser beobachten und korrigieren. Feste Sportschuhe, Handtuch und Bodenmatte gehören außerdem zu Ihrem Sportoutfit.

8. Muskelkater
Trainieren Sie immer im schmerzfreien Bereich. Anfänglicher Muskelkater läßt sich kaum vermeiden und kann durch warme Vollbäder oder Saunagänge gelindert werden.

9. Programm
Stellen Sie sich Ihr eigenes Übungsprogramm zusammen, indem Sie sich Ihre persönlichen Schwerpunkte setzen. Trainieren Sie zwei- bis dreimal wöchentlich und kombinieren Sie je nach Lust und Laune mit Vorschlägen aus den Yoga-, Stretching- oder Cardio-Programmen.

10. Dehnung
Beenden Sie Ihr Workout immer mit entspannenden Dehnübungen.

DAS MULTIBAND

Der multifunktionale Gummischlauch kann einfach alles und wird daher sowohl in unserem Cardio-Programm (siehe Seite 80), als auch im folgenden Muskelaufbautraining eingesetzt. Schnell zusammengelegt, paßt das MultiBand in jede Tasche und wiegt nur ganze 160 Gramm. Bezugsquelle siehe Seite 186.

1

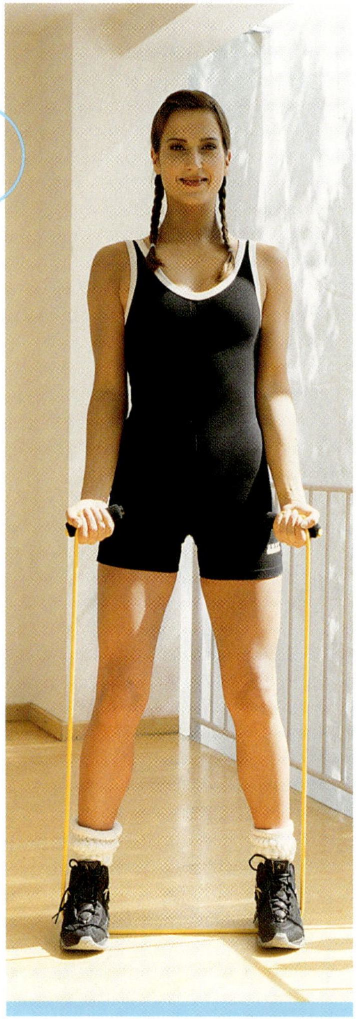

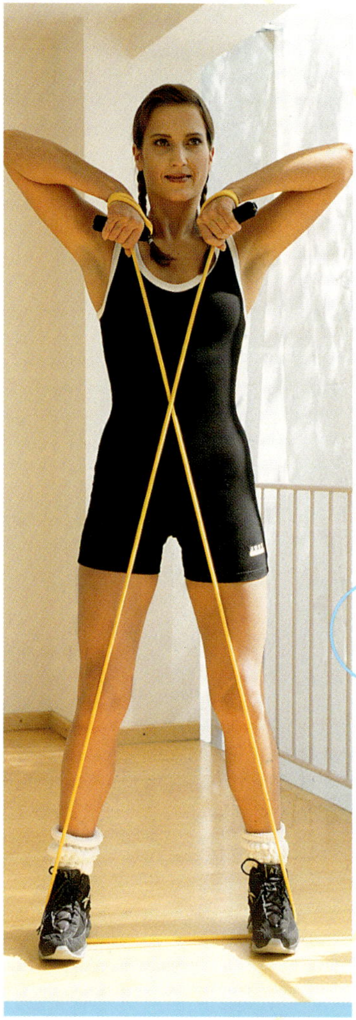

2

Darauf sollten Sie bei allen Übungen des Problemzonentrainings achten:

Ausgangsposition stehend
Füße stehen etwa beckenbreit auseinander, die Knie leicht beugen, den Bauch fest an- und die Schultern entspannen.
Das Becken nach vorne schieben und den Rücken gerade halten. Achten Sie darauf, nicht im Hohlkreuz zu stehen!

Nacken – Schultern – Arme

1 Stellen Sie sich mit beiden Füßen fest auf das MultiBand, nehmen Sie die Griffe in beide Hände, überkreuzen und einatmen.

2 Das Band einmal um jeden Handrücken wickeln und aus dem Ellenbogen heraus bis zum Kinn nach oben ziehen. Die Arme sind dabei angewinkelt und die Ellenbogen befinden sich auf Ohrhöhe. Ausatmen.

Ausgangsposition liegend, Rückenlage
Flach auf den Rücken legen, die Beine anwinkeln und dabei Becken und Wirbelsäule fest in den Boden pressen.

Sets und Wiederholungen
1 Set = 8 Wiederholungen
Anfänger: 1 bis 2 Sets
(8 bis 16 Wiederholungen)
Fortgeschrittene: 2 bis 4 Sets
(16 bis 32 Wiederholungen)

1

2

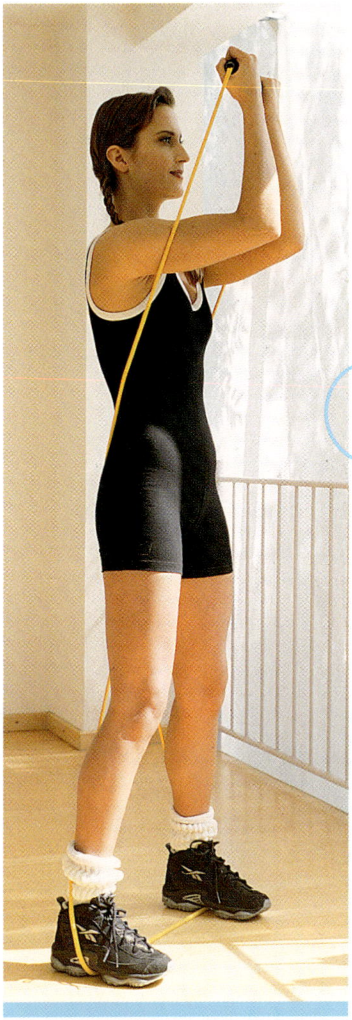

Arme und Brust

1 Ausgangsposition stehend. Stellen Sie sich mit beiden Füßen auf das MultiBand, nehmen Sie die Griffe in beide Hände und führen Sie sie über kreuz hinter den Rücken. Arme anwinkeln (Ellenbogen sind in einer Linie mit den Schultern) und einatmen.

2 Nun langsam die Ellenbogen im Wechsel zusammenführen (einatmen) und wieder öffnen (ausatmen).

MEIN TIP

Je weiter die Füße auf dem MultiBand auseinander stehen, um so kürzer wird der Schlauch und um so stärker der Zug des Bandes. Die Übungen werden also anstrengender und schwieriger. Anfänger sollten daher ihre Füße parallel und möglichst eng nebeneinander stellen.

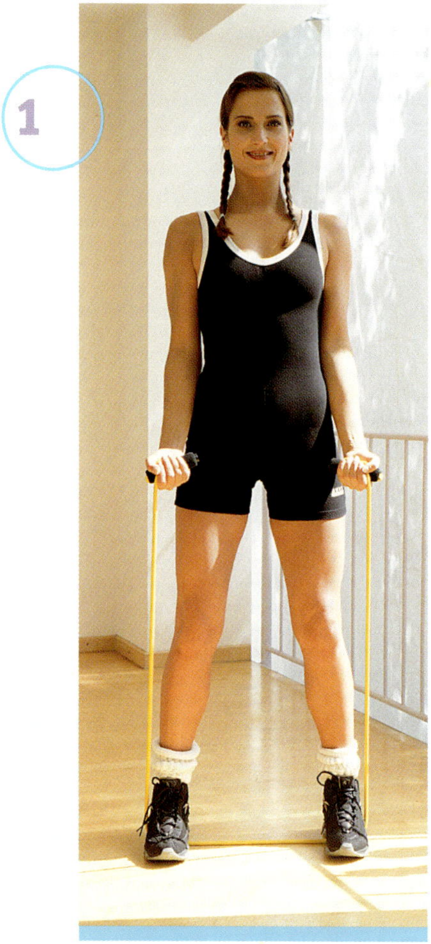

Arme vorne

1 Ausgangsposition stehend. Pressen Sie die Ellenbogen fest gegen die Taille, nehmen Sie das Band an den Griffen in die Hände und wickeln Sie es zweimal um die Handrücken.

2 Winkeln Sie beide Arme gleichzeitig aus dem Ellenbogen langsam an. Die Ellenbogen bleiben während der Übungsausführung in gleicher Position.

Arme hinten

Ausgangsposition stehend.
Legen Sie das MultiBand um die Türkante einer geöffneten Türe, nehmen Sie die Griffe in beide Hände, wickeln Sie sie je nach Körpergröße und Türhöhe 2 bis 3x um den Handrücken und atmen Sie ein.

Pressen Sie die Ellenbogen fest gegen die Taille und

1 strecken und

2 beugen Sie beide Arme aus dem Ellenbogen heraus langsam und im Wechsel. Einatmend beugen, ausatmend stecken.

MEIN TIP

Um den Druck auf die Aufhängung des MultiBandes in den Griffen zu reduzieren, empfiehlt es sich, den Schlauch bei allen Übungen jeweils um die Hand- beziehungsweise Fußgelenke zu wickeln.

PROBLEMZONENTRAINING FÜR BAUCH, TAILLE & RÜCKEN

1

2

3

Gerader Bauchmuskel

1 Sie liegen auf dem Rücken, das MultiBand ist hinter Ihnen an einem stabilen Gegenstand festgebunden. Sie halten beide Griffe in den Händen und wickeln das Band mehrfach um die Handrücken. Einatmen.
Fassen Sie hinter den Kopf und rollen Sie den Oberkörper langsam bis zum Brustwirbel hoch.

Schräger Bauchmuskel (Taille)

2 Siehe Position 1. Sie heben das linke Knie an und rollen mit der rechten Schulter gleichzeitig so weit hoch (ausatmen), daß Sie mit dem Ellenbogen beinahe das linke Knie berühren. Rollen Sie langsam in die Rückenlage ab (einatmen). Wechseln Sie die Seiten, bewegen also das rechte Knie und die linke Schulter aufeinander zu.

Rücken – Po – Beine

3 Wickeln Sie das MultiBand doppelt um Ihren rechten Fuß, nehmen Sie beide Griffe in die linke Hand und legen Sie sich flach auf den Bauch (einatmen). Die Stirn auf dem rechten Unterarm ablegen (schont die Halswirbelsäule). Nun heben Sie das rechte Bein und den linken Arm gestreckt an, dabei mit dem Oberkörper bis zum Brustwirbel hochkommen (ausatmen).
Nach vorgegebenen Wiederholungen (1 bis 2 Sets) wechseln Sie die Seite zum linken Bein und rechten Arm.

1

2

Rücken

1 Ausgangsposition stehend.
Sie stehen mit beiden Füßen fest auf dem MultiBand, überkreuzen die Griffe und nehmen sie in die Hände. Beide Arme lang nach vorne ausstrecken und einatmen.

2 Öffnen Sie langsam die gestreckten Arme, lassen Sie Schultern und Hände dabei in einer Linie und atmen Sie aus.

Po und Oberschenkel vorne

Ausgangsposition stehend.
Stellen Sie beide Füße fest auf das MultiBand, nehmen Sie die Griffe in beide Hände und gehen Sie in die Kniebeuge (einatmen).
Atmen Sie aus und strecken Sie dabei langsam die Beine.

Oberschenkel innen

Ausgangsposition stehend.
Wickeln Sie das MultiBand von oben über die Füße und ziehen Sie es wie Hosenträger über kreuz hinter dem Rücken über die Schultern.
Nun heben Sie zuerst das rechte Bein leicht an, drehen Sie das Knie dabei aus und heben (ausatmen) und senken (einatmen) Sie das Bein im Wechsel. 1 bis 2 Sets. Beinwechsel.

Oberschenkel außen

Ausgangsposition stehend.
Heben (ausatmen) und senken (einatmen) Sie das linke Bein seitlich gestreckt im Wechsel.
Beinwechsel.

Po und Oberschenkel hinten I
Ausgangsposition stehend.
Heben (ausatmen) und senken (einatmen) Sie das gestreckte linke Bein abwechselnd nach hinten.
Beinwechsel.

Po und Oberschenkel hinten II
Ausgangsposition stehend.
Strecken (ausatmen) und beugen (einatmen) Sie das linke Bein aus dem Kniegelenk heraus abwechselnd nach hinten.
Nun zum anderen Bein wechseln und alle Übungen mit dem rechten Bein wiederholen.

MEIN TIP

Alle Übungen dieses Abschnitts werden aus einer Ausgangsposition praktiziert. Sie können sowohl einzeln (rechtes und linkes Bein im Wechsel) als auch aufeinander folgend jeweils nur für das rechte beziehungsweise das linke Bein kombiniert werden.

Fitnesstraining bei Vollmond

STRETCHING ZUR ENTSPANNUNG

Besonders während der dreitägigen, mobilisierenden Vollmondphase sollten Sie für Entspannung, Ruhe und Regeneration sorgen. Der Körper »kocht« förmlich vor Ungeduld, Unruhe und Nervosität; überall lassen sich die aufreizenden Energien des Vollmondes spüren.

Die drei »aufregendsten« Tage des Monats sind genau die richtige Zeit, um ein sanftes Workout oder ein genüßliches Dehnprogramm mit bewußter und intensiver Atmung einzuplanen.

Egal ob als einstündiges Komplett-Training, fünfminütiges Abschlußprogramm während des »cool down«, oder schnell mal zwischendurch: Stretching, das heißt die gezielte Dehnung spezieller Körperzonen, ist heutzutage aus keinem Fitnessprogramm mehr wegzudenken.

Neben den Herz- und Kreislauf stabilisierenden »Cardio-Bewegungsarten« und muskelaufbauenden Ganzkörper-Programmen ist Stretching ein dritter, wichtiger Baustein der körperlichen Fitness.

Die richtige Dehnung macht Muskeln geschmeidig, locker und elastisch und normalisiert ihren Spannungszustand (Muskeltonus). Stretching fördert eine schnelle Regeneration nach dem Sport und erhöht somit den Trainingseffekt.

Daneben sorgt Stretching für seelisches Wohlbefinden, koordiniert die Bewegungen und läßt die Atmung tiefer und entspannter werden.

Stretching lehrt Sie, ähnlich wie Yoga, bewußter mit Ihrem Körper umzugehen und aufmerksamer auf ihn zu hören, Sie lernen, verspannte Zonen ausfindig zu machen und durch eine entsprechende Dehnung gezielt zu entspannen.

Stretching ist einfach und leicht erlernbar. Wenn Sie behutsam und mit Geduld dehnen, werden Sie sehr schnell merken, daß Spannungen im Körper verschwinden, daß sich Ihre Körperhaltung insgesamt verbessert und daß Ihre Bewegungsabläufe leichter und anmutiger werden.

Kurz: Stretching ist ein ideales Entspannungs- und Beweglichkeitstraining.

ZEHN GOLDENE REGELN FÜRS STRETCHING

1. Aufwärmen
Wärmen Sie sich vor jedem Dehn-Programm durch Walken, Joggen oder Step Training auf, sonst besteht Verletzungsgefahr.

2. Steigerung
Intensivieren Sie Ihre Dehnung nur langsam und maximal, bis Sie ein leichtes Ziehen, keinesfalls jedoch Schmerz verspüren.

3. Atmung
Atmen Sie tief durch die Nase in den Bauch ein, laut durch den Mund aus und intensivieren Sie die Dehnung in der Phase des Ausatmens.

4. Wiederholungen
Bleiben Sie in einer Dehnung zwischen 10 und 30 Sekunden ohne zu federn oder zu wippen. Wiederholen Sie die Übung sooft Sie möchten.

5. Musik
Wählen Sie ruhige, entspannende Musik als Untermalung für Ihr Stretching-Programm, und konzentrieren Sie sich während der Dehnung auf etwas Schönes und Beruhigendes.

6. Kombination
Alle vorgestellten Dehnübungen können Sie mit den Muskelaufbau- beziehungsweise Herz-Kreislauf-Programmen ergänzen und variieren.

7. Bekleidung
Tragen Sie während der Dehnübungen locker sitzende, leichte Bekleidung aus Naturfasern (Baumwolle), die Sie ausreichend wärmt.

8. Zeitpunkt
Dehnen kann man immer und beinahe überall. Meine Lieblingszeiten sind morgens vor dem Aufstehen und abends vor dem Fernseher.

9. Ihr Programm
Stellen Sie sich Ihr individuelles Power-Stretch-Programm zusammen und üben Sie regelmäßig.

10. Hilfsmittel
Anfänger sollten sich zu Beginn Hilfsmittel wie einer Stuhllehne, einer Wand (für Stabilität und Gleichgewicht) oder der Hilfe eines Partners bedienen.
Das StretchBand (siehe rechts) unterstützt die Intensität der Dehnung und hilft, leichter in die Dehnung zu gelangen und sie zu halten.

DAS STRETCHBAND

Oft genug mußte ich in meinen Stretch-Klassen beobachten, wie Anfänger bei bestimmten Übungen verzweifelt versuchten, in die Dehnung zu gelangen, die wir Trainer vorgaben. Durch den Einsatz des StretchBandes, das quasi Arme und Beine verlängert, werden unsachgemäße Dehnpraktiken und falsche Bewegungen verhindert. Die praktischen Sicherheitsschlaufen, in die Sie sich bequem mit den Händen oder Füßen einhängen können, verhindern, daß Sie während der Dehnung abrutschen oder ausgleiten. Die vielen Schlaufen ermöglichen Ihnen darüber hinaus Ihr individuelles »StretchMaß«. Das StretchBand ist ein perfektes Accessoire für Anfänger wie für Fortgeschrittene.
Bezugsquelle siehe Seite 186.

SANFTE DEHNUNGEN FÜR BRUST, ARME & SCHULTERN

Kopf und Nacken

Nehmen Sie das StretchBand doppelt und legen Sie es um Ihren Hinterkopf. Fassen Sie mit beiden Händen in die Schlaufen an den Enden und atmen Sie ein. Nun ziehen Sie das Band sanft nach unten, bis Sie ein leichtes Ziehen in der Nackenmuskulatur spüren, dabei ausatmen.
Tip: Diese Dehnung können Sie sitzend oder stehend üben.

Brust und Schultern

Greifen Sie in stehender Position (Füße parallel, Becken nach vorne gekippt und Knie leicht gebeugt) mit beiden Händen die Schlaufen an den Enden des doppelt gelegten Stretch-Bandes.
Strecken Sie die Arme lang über den Kopf weit nach hinten.
Halten Sie die Dehnung und atmen Sie regelmäßig ein und aus.

Arme

Greifen Sie mit der rechten Hand das doppelt gelegte StretchBand, so daß Ihr Handrücken oben liegt.
Legen Sie Ihren rechten Arm über den Kopf in den Rücken, den linken Arm anwinkeln und mit der linken Hand im Rücken das Band dort greifen, wo es für Sie am bequemsten erreichbar ist. Ziehen Sie mit der linken Hand das StretchBand behutsam nach unten, bis Sie eine Dehnung in beiden Oberarmen spüren. 20 Sekunden halten und wechseln.

Brust und Arme

Führen Sie beide Arme hinter den Rücken und nehmen Sie das Band doppelt oder dreifach gelegt in beide Hände. Einatmen, die Brust kräftig nach vorne wölben und die Arme dabei lang nach unten ziehen. Ausatmen. Die Dehnung zehn Sekunden halten, dabei regelmäßig atmen.

Torso

Fassen Sie mit beiden Händen das doppelt gelegte StretchBand in den Schlaufen an den Enden, strecken Sie die Arme nach oben (lassen Sie die Schultern dabei unten). Atmen Sie ein und biegen Sie den Oberkörper langsam nach rechts. Ausatmen und die Dehnung halten. Nach zehn Sekunden langsam nach links biegen.

SANFTE DEHNUNGEN FÜR BAUCH, TAILLE & RÜCKEN

Bauch

Legen Sie sich auf den Bauch, stützen Sie sich mit den Ellenbogen auf und heben Sie den Oberkörper bis zum Brustwirbel an.
Die Dehnung 20 Sekunden halten und dabei regelmäßig ein- und ausatmen.

Hüfte und Wirbelsäule

Legen Sie sich flach auf den Rücken, winkeln Sie Ihr rechtes Bein an, das linke Bein leicht gebeugt über das rechte Bein legen und mit dem linken Fuß in eine Schlaufe des StretchBandes steigen. Den Oberkörper nach rechts abdrehen, mit der rechten Hand in die Schlaufe des Bandes gehen und das Band vorsichtig nach oben ziehen. Regelmäßig tief ein- und ausatmen, die Dehnung für 20 Sekunden halten, dann Bein- und Seitenwechsel.

1

2

3

Rücken I

Greifen Sie in stehender oder sitzender Position mit beiden Händen die Enden des doppelt gelegten Bandes und strecken Sie die Arme nach oben.

1 Die Wirbelsäule vorsichtig zur linken Seite beugen (dabei aufrecht sitzen) und zuerst die rechte Seite (Rückenhälfte) langziehen. Dehnung halten.

Dann mit einer großen kreisenden Bewegung die Arme über den Kopf nach rechts ziehen, so daß nun die linke Seite gedehnt wird. Tief und regelmäßig atmen.

Rücken II

2 Setzen Sie sich auf einen Stuhl und öffnen Sie die Beine; Knie und Fußspitzen zeigen nach außen.

3 Atmen Sie ein und rollen Sie Wirbel für Wirbel langsam so weit nach unten, bis Ihre Hände locker auf dem Boden liegen, dabei ausatmen.

Zehn Sekunden halten und tief ein- und ausatmen. Tip: Aus dieser Position heraus den Po etwas anheben und fünf Sekunden halten (beansprucht die Oberschenkel-Muskulatur). Rollen Sie Wirbel für Wirbel langsam wieder hoch. 5x wiederholen

SANFTE DEHNUNGEN FÜR PO & BEINE

Wirbelsäule und Oberschenkel hinten

Setzen Sie sich aufrecht auf den Boden, strecken Sie die Beine gerade aus und steigen Sie mit beiden Füßen in die Schlaufen des StretchBandes. Greifen Sie nun mit beiden Händen die Schlaufen am anderen Ende des Bandes, atmen Sie ein und ziehen Sie behutsam mit dem Band Ihren Oberkörper zu den Füßen.
Achten Sie darauf, daß Ihr Rücken dabei gerade und gestreckt bleibt, die Schultern entspannt und tief sind und Sie den Kopf gerade halten.

Halten Sie die Dehnung 10 bis 20 Sekunden und wiederholen Sie 3x.

1

Oberschenkel innen

Legen Sie sich auf den Rücken und steigen Sie jeweils mit dem linken und dem rechten Fuß in eine Schlaufe, die Sie je nach individueller Flexibilität wählen.

1 Nun greifen Sie mit beiden Händen das StretchBand in der Mitte, und ziehen es so weit sanft zum Oberkörper hin, bis Sie innen in den Oberschenkeln ein leichtes Ziehen spüren (nicht übertreiben). Halten Sie die Dehnung 30 Sekunden, atmen Sie regelmäßig und tief ein und aus und wiederholen Sie das Ganze 2x.

Unterer Rücken und Oberschenkel hinten

Legen Sie sich auf den Rücken, strecken Sie beide Beine parallel nach oben und steigen Sie mit den Füßen in je eine Schlaufe.

2 Greifen Sie nun mit beiden Händen in je eine Schlaufe des StretchBandes und ziehen Sie das Band behutsam zum Oberkörper. Halten Sie die Dehnung 30 Sekunden lang und atmen Sie tief ein und aus. 3x wiederholen.

2

Unterer Rücken

Sie liegen auf dem Rücken, winkeln ein Bein an und strecken das andere Bein senkrecht nach oben.
Steigen Sie mit dem Fuß des gestreckten Beines in eine Schlaufe des StretchBandes und greifen Sie mit beiden Händen in die Schlaufen in der Mitte des Bandes. Nun das Band behutsam zum Oberkörper ziehen.

Po, unterer Rücken und Oberschenkel hinten

Legen Sie sich auf den Rücken, strecken Sie das rechte Bein gerade nach oben und steigen Sie mit dem rechten Fuß in eine Schlaufe des StretchBandes.
Das linke Bein legen Sie angewinkelt über das rechte Bein. Greifen Sie nun das Band ziemlich weit oben und ziehen Sie es vorsichtig zum Oberkörper. Halten Sie die Dehnung 20 bis 30 Sekunden, wechseln Sie dann zum anderen Bein.

2

1

Oberschenkel vorne

Legen Sie sich flach auf den Bauch, die Stirn auf dem linken Handrücken. Winkeln Sie das rechte Bein an und steigen Sie mit dem Fuß dieses Beines in die letzte Schlaufe des Stretch-Bandes.

1 Nun greifen Sie mit der rechten Hand in eine Schlaufe des Bandes und ziehen so weit an dem Stretch-Band, bis Sie vorne im rechten Oberschenkel die Dehnung spüren. Halten Sie die Stellung 30 Sekunden, dann Wechsel zum anderen Bein.

Beine und Oberkörper

2 Setzen Sie sich in die Grätsche, winkeln Sie das rechte Bein nach innen hin an und lassen Sie das linke Bein gestreckt. Mit dem linken Fuß in eine Schlaufe des StretchBandes steigen und mit der linken Hand in eine Schlaufe des Bandes gehen.
Strecken Sie nun den rechten Arm lang nach oben und ziehen Sie den Oberkörper mit Hilfe des Bandes sanft zum Knie des gestreckten Beines hin. Die Dehnung 20 Sekunden halten, dann Bein- und Armwechsel.

1

2

3

5

Basic Step

1 Stellen Sie sich frontal vor die Stufe, Füße parallel, Knie leicht gebeugt und die Hände in die Hüfte stützen.

2 Nun den rechten Fuß mit der ganzen Fläche auf die Stufe setzen,

3 den linken Fuß nachziehen,

4 den rechten Fuß zurück auf den Boden setzen und

5 den linken Fuß nachziehen.

Anfänger: 15x
Fortgeschrittene: 30-45x
Dann Beinwechsel (linken Fuß zuerst auf die Stufe setzen).

1

2

3

4

Curl back Step

1 Stellen Sie sich seitlich neben die Stufe, Knie leicht beugen und die Arme nach unten strecken.

2 Steigen Sie mit dem rechten Fuß auf die Stufe (Füße parallel). Winkeln Sie die Arme an, indem Sie die Ellenbogen an die Taille nehmen und die Hände zu den Schultern hochziehen (Biceps Curl).

3 Verlagern Sie Ihr Gewicht nach rechts Bein, steigen Sie die Stufe hoch und winkeln Sie Ihr linkes Bein in Kniehöhe nach hinten ab. Arme seitlich ausstrecken.

4 Den linken Fuß wieder auf dem Boden aufsetzen, dabei die Arme seitlich anwinkeln (Ellenbogen bleiben oben).

5 Ziehen Sie den rechten Fuß nach und strecken Sie die Arme nach unten. Sie sind wieder in Position 1. In dieser Reihenfolge wiederholen.
Anfänger: 15x.
Fortgeschrittene: 30-45x,
dann Bein- und Seitenwechsel.

1

2

3

4

Curl front Step

1 Stellen Sie sich frontal vor die Stufe, die Füße parallel und die Arme parallel zum Körper und nach unten gestreckt.

2 Mit dem rechten Fuß auf die Stufe steigen, Arme anwinkeln (Fäuste vor dem Brustkorb hochziehen),

3 das linke Bein angewinkelt nachziehen (das Knie so hoch wie möglich an den Brustkorb ziehen) und die Arme dabei nach vorne ausstrecken.

4 Setzen Sie den linken Fuß wieder auf den Boden, die Arme dabei seitlich in Schulterhöhe anwinkeln

5 und den rechten Fuß zum Boden nachziehen, dabei die Arme lang nach unten strecken (Position 1).
Anfänger: 15x
Fortgeschrittene: 30-45x,
dann Bein- und Seitenwechsel.

1

2

3

Leg back Step

1 Stellen Sie sich frontal vor die Stufe, die Knie leicht gebeugt und die Arme nach unten gestreckt.

2 Mit dem rechten Fuß zuerst auf die Stufe steigen, dabei die Arme anwinkeln (mit den Fäusten zum Brustkorb, Ellbogen an der Taille).

3 Sofort das linke Bein nachziehen und lang nach hinten wegstrecken (Achtung, nicht ins Hohlkreuz gehen). Dabei strecken Sie die Arme nach oben aus (Schultern locker lassen).

4

4 Stellen Sie den linken Fuß auf den Boden zurück und winkeln Sie die Arme wieder an.

Den rechten Fuß nachziehen und die Arme in die Ausgangsposition (1) bringen.
Wiederholen Sie die Übung mit dem linken Fuß beginnend.
Anfänger: 15x pro Bein
Fortgeschrittene: 30x pro Bein.

1

2

3

4

Leg side Step

1 Sie stehen seitlich parallel zu Ihrer Stufe, die Arme sind nach unten gestreckt und die Knie leicht gebeugt.

2 Sie steigen mit dem rechten Fuß auf die Stufe, ballen dabei die Hände zu Fäusten und kreuzen die nach vorne gestreckten Arme 1x in Schulterhöhe (rechter Arm über dem linken Arm).

3 Verlagern Sie Ihr Gewicht auf das rechte Bein, ziehen Sie das linke nach und strecken Sie es seitlich lang aus. Währenddessen kreuzen Sie die gestreckten Arme in Schulterhöhe in die andere Richtung (linker Arm über dem rechten Arm).

4 Den linken Fuß wieder auf den Boden setzen, dabei ein drittes Mal die Arme ausgestreckt kreuzen (rechter Arm wieder über dem linken Arm). Den rechten Fuß nachziehen und die Arme nach unten strecken (Ausgangsposition 1).
Anfänger: 10x
Fortgeschrittene: 20x,
dann Bein- und Seitenwechsel.

Beauty MIT DEM MOND

WIE DER EINFLUSS DER
VIER MONDPHASEN IHRE
SCHÖNHEITSPFLEGE BESONDERS
WIRKUNGSVOLL UNTERSTÜTZT

DIE LYMPHE

Besonders für Frauen ist das einwandfreie Funktionieren des Lymphsystems von großer Bedeutung. Sind doch schließlich Tränensäcke, geschwollene Beine und sogar Cellulite oft Folge eines schlecht arbeitenden Lymphsystems.

Sie können sich gelegentlich eine Lymphdrainage bei der Kosmetikerin gönnen, die die Lymphe durch sanften Druck an den Lymph-Knotenpunkten in Gesicht, Hals und Leistenbereich direkt aktiviert.

Die folgenden Massagegriffe an Händen und Füßen können Sie selbst an sich anwenden. Sie regen die Lymphtätigkeit ebenfalls an und aktivieren die Ausschwemmung und Entwässerung des Körpers.

Die Reflexzonen der Hände

Die Reflexzonen der oberen Lymphwege liegen in den Zwischenräumen der Finger beider Hände.

Beginnen Sie Ihre Massage mit der rechten Hand und ergreifen Sie mit dem Daumen und dem Zeigefinger der linken Hand die Hautfalte zwischen Zeige- und Mittelfinger.

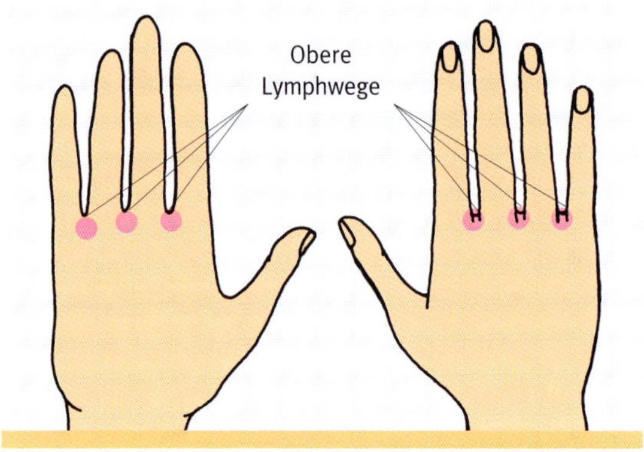

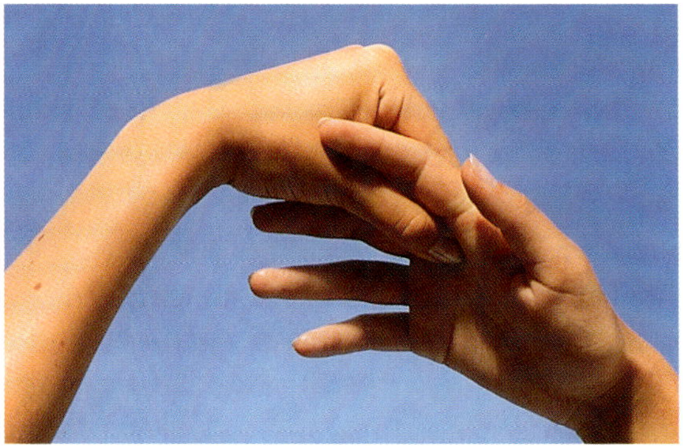

Drücken Sie den Punkt fünf Sekunden fest und streichen Sie dann mit beiden Fingern und gleichem Druck diesen Zwischenraum aus, bis Ihnen die Hautfalte zwischen den Fingerkuppen entgleitet.

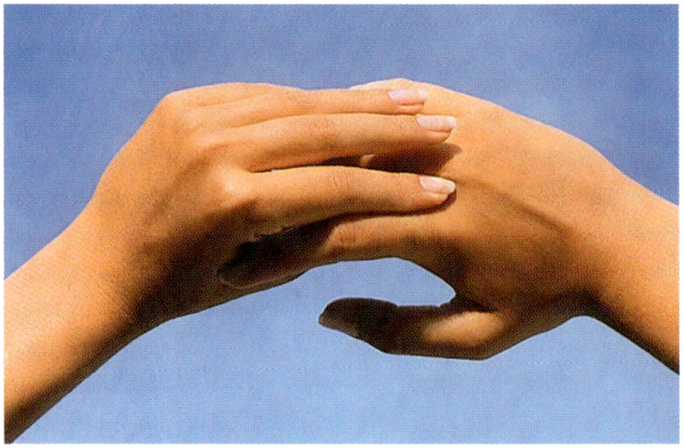

Wiederholen Sie diesen Vorgang bei allen drei Hand-Zwischenräumen sechsmal, und massieren Sie anschließend Ihre linke Hand auf die gleiche Weise.

Die Reflexzonen der Füße

Die Reflexzonen der **oberen Lymphwege** liegen in den Zwischenräumen der Zehen beider Füße. Beginnen Sie Ihre Massage mit dem rechten Fuß und ergreifen Sie mit dem Daumen (oben) und Zeigefinger (unten) der rechten Hand die Hautfalte des Zehenzwischenraums. Die linke Hand dient dabei als Fußstütze.

Drücken Sie nun mit Daumen und Zeigefinger den Massagepunkt fest an, halten ihn für fünf Sekunden und streichen ihn dann mit festem Druck aus. Wiederholen Sie diesen Vorgang zwei- bis fünfmal, dann wechseln Sie zum linken Fuß.
Streichen Sie nach Beendigung der Massage die Füße sanft zu den Zehen hin aus.

Die Reflexzonen der **unteren Lymphwege** (Becken und Bauchraum) liegen auf der Linie vom Innen- zum Außenknöchel. Die Massage dieser sehr empfindsamen Zonen erfolgt sanft und rhythmisch.

Legen Sie dazu Ihren rechten Fuß auf Ihr linkes Knie, umfassen Sie mit beiden Händen Ihren Unterschenkel und streichen Sie mit beiden Händen fließend in Richtung Ferse.

Streichen Sie nun sanft und mehrmals mit dem Daumen zuerst die Zone um den Innenknöchel und anschließend mit Zeige-, Mittel- und Ringfinger die Zone um den Außenknöchel. Wiederholen Sie diesen Vorgang einige Male, dann wechseln Sie zum linken Fuß.

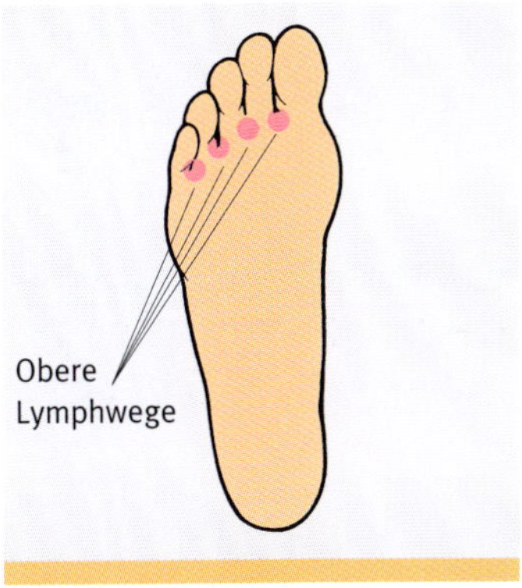

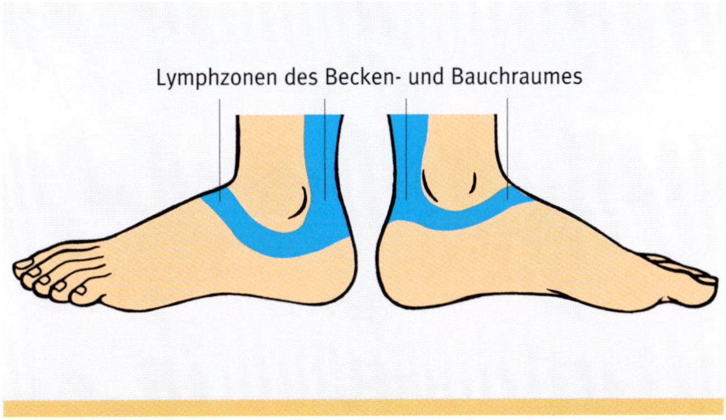

NIEREN UND BLASE

Die Nieren liegen als bogenförmige Organe unter der Leber (rechte Niere) und unter der Milz (linke Niere). Sie sind wichtige Filter- und Ausscheidungsorgane. Daneben sorgen sie auch für die Regulation des Wasser- und Salzhaushaltes, beeinflussen die Blutbildung, regulieren den Blutdruck und den Knochenstoffwechsel. Schließlich spielen die Nieren auch bei der Produktion von Hormonen und Vitaminen eine Rolle.

Der Harn, der sich in der Nierenrinde und im Nierenmark bildet, sammelt sich im Nierenbecken und wird über den Harnleiter und die Blase ausgeschieden.

Alles, was über den Harn aus dem Körper herausbefördert wird, hat die Niere aus dem Blut herausgefiltert: Ungefähr alle sechs Minuten fließt das gesamte Körperblut einmal durch die Nieren. Auf diese Weise filtert sie täglich ungefähr 1500 Liter Blut.

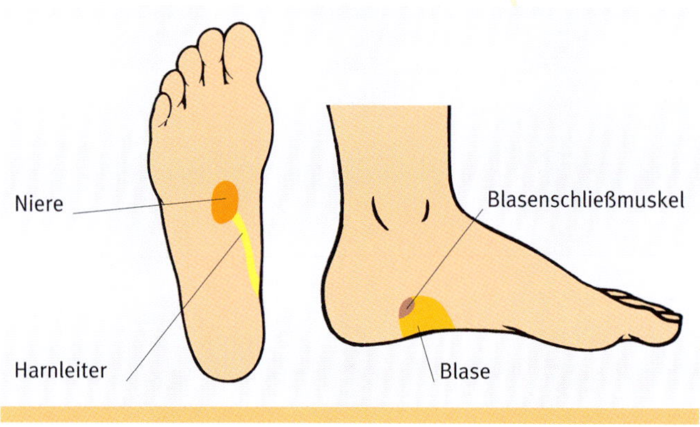

Die Reflexzonen der Füße

Die Reflexzonen der Nieren liegen etwa in der Mitte der Fußsohle. Die Zone der Blase befindet sich an der Innenseite des Fußes am Fersenansatz. Sie läßt sich manchmal als kleine, runde Erhebung ertasten. Entlang der Verbindungslinie zwischen Blase und Niere läuft der Harnleiter, den man ebenfalls leicht als stärkere Sehne beim Abwinkeln des Fußes spüren kann. Legen Sie das rechte Bein wieder auf Ihr linkes Knie und beginnen Sie mit der Massage des rechten Fußes:

Drücken Sie mit dem rechten Daumen zuerst sanft auf die Nierenzone. Halten Sie den Punkt für ein paar Sekunden und massieren dann rhythmisch über die Harnleiterzone weiter zur Blase.

Drücken Sie nun die Blasenzone sanft an und halten Sie den Druck für ein paar Sekunden. Dann massieren Sie rhythmisch und punktuell von der Fußinnenseite zum Knöchel. Wiederholen Sie diesen Vorgang zwei- bis dreimal, dann wechseln Sie zum anderen Fuß.

Streichen Sie nach Beendigung der Massage die Fußinnenseite sanft von der Ferse nach oben aus.

DIE VERDAUUNGSORGANE

Die folgenden Massagegriffe regen die Darmtätigkeit an und unterstützen die Ausscheidung von Schlakken und toxischen Stoffen.

Die Reflexzonen der Hände

Die Reflexzonen der Verdauungsorgane befinden sich in den Handinnenflächen beider Hände im Bereich der Mittelhand bis hin zum Handgelenk. Die Zonen von Leber und Gallenblase liegen auf der rechten Hand, direkt unter den Grundgelenken von kleinem Finger und Ringfinger. Im Zentrum der Leberzone befindet sich die Zone der Gallenblase. Magen und Darmreflexzonen liegen auf beiden Händen. Die Zonen des Magens befinden sich unter den Grundgelenken von Zeige- und Mittelfinger. Die Darmzonen liegen im Bereich des Handballens.

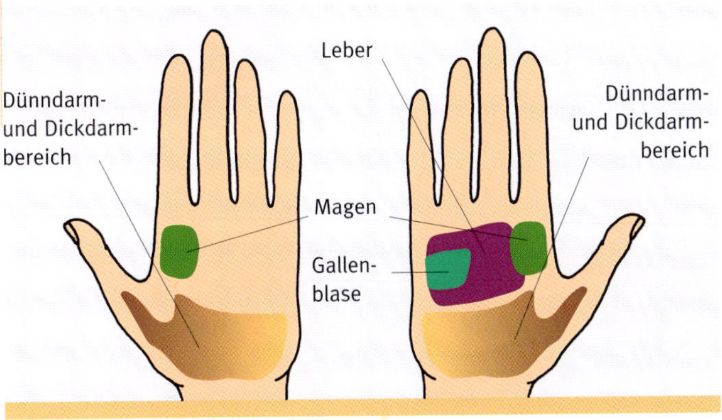

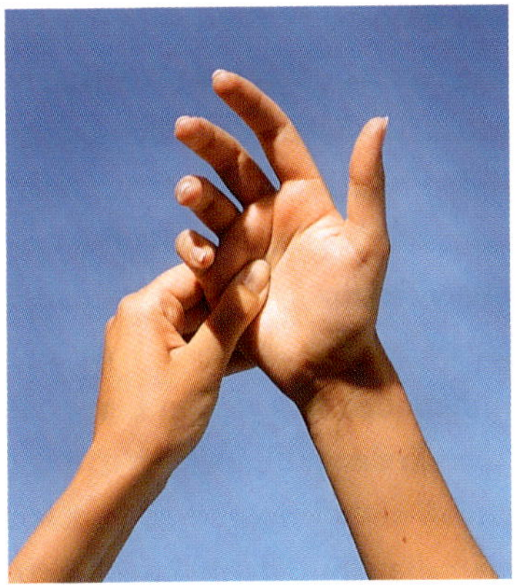

Beginnen Sie wieder mit der Massage der rechten Hand und massieren Sie zuerst punktuell, dann rhythmisch und flächig die gesamte Zone des Dick- und Dünndarms von links nach rechts (vom kleinen Finger zum Daumen).

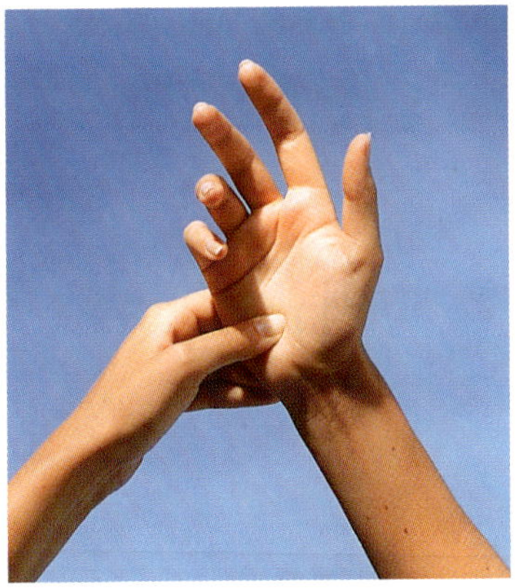

Streichen Sie die gesamte Zone kräftig aus und wechseln dann zur linken Hand.

Kräuteraufguß

1 Handvoll Kräuterblätter oder Blüten

1 l kochend heißes Wasser

Geben Sie Kräuterblätter oder Blüten in das kochend heiße Wasser und lassen Sie es 10 Minuten zugedeckt ziehen. Geben Sie den Sud in das fertige Badewasser und entspannen Sie 15 Minuten in der Wanne.

Frische Kräuter, nach Ihren Bedürfnissen zusammengestellt, wirken ganz besonders intensiv

Kräuterbadeöl

6 EL gehackte, frische Kräuter Ihrer Wahl

600 ml kaltgepreßtes Olivenöl

Geben Sie die Kräuter mit 1 TL Olivenöl in einen Mörser oder Mixer und zerkleinern Sie die Mischung, bis eine feste Paste entsteht. Fügen Sie das restliche Olivenöl hinzu und geben Sie alles in ein großes, sauberes Einmachglas. Gut verschließen und an einen dunklen Platz stellen. Zwischendurch mehrmals schütteln, nach zwei Wochen durch ein Mulltuch seihen und in eine Flaschen, mit Korken füllen. Geben Sie ein bis zwei getrocknete Kräuterzweige in die Flasche und lagern Sie das Öl an einem dunklen, kühlen Ort.

18 Kräuter und ihre Wirkung

Basilikum	reinigend
Brennessel	reinigend
Brombeerblätter	hautberuhigend
Eukalyptus	beruhigend
Frauenmantel	beruhigend
Holunder	heilend und anregend
Huflattich	heilend und stärkend
Kamille	beruhigend
Lavendel	beruhigend und desodorierend
Melisse	beruhigend
Minze	heilend und reinigend
Ringelblume	heilend
Rosmarin	anregend
Salbei	heilend und desodorierend
Schachtelhalm	heilend
Schafgarbe	adstringierend und reinigend
Spitzwegerich	heilend
Thymian	anregend und heilend
Zaubernuß	heilend

ÖLBÄDER

(für trockene und reife Haut)

Ölbäder mit Aromazusätzen sind besonders pflegend und entspannend. Die Kombination von Wasser, Wärme und wohlriechenden Essenzen reinigt, pflegt und fettet die Haut – ein wichtiger Effekt gerade für trockene und reifere Haut. Die ätherischen Öle heben gleichzeitig Ihre Stimmung.

Verwenden Sie nur Badeöle, die aus kaltgepreßten Pflanzenölen bestehen, das heißt noch im Besitz aller ihrer Nähr- und Wirkstoffe sind. Pflanzenöle sind unseren Hautfetten sehr ähnlich und werden von der Haut hundertprozentig absorbiert. Sie dringen also tief in unseren Körper ein, werden in den Stoffwechselprozeß einbezogen und aktivieren die Funktionen der Haut von innen.

Ein Nachfetten der Haut mit Creme, Lotion oder gar Öl ist nach einem Ölbad nicht erforderlich, da ein feiner Fettfilm allmählich in die Haut einzieht.

Verwöhnen Sie sich mit einer Luxus-Badestunde in Öl, mit Kerzenlicht, Ihrer Lieblingsmusik und vielleicht einem Glas Champagner. Vergessen Sie Sorgen und Streß und finden Sie Harmonie und Ruhe.

Badeöle aus frisch gepreßten Pflanzenölen pflegen insbesondere trockene und reife Haut

Aromaölbad

10 ml kaltgepreßtes Pflanzenöl Ihrer Wahl
6 Tropfen ätherisches Öl (auf Ihren Hauttyp abgestimmt, siehe Tabelle rechts)
2 EL Sahne

Mischen Sie für ein Vollbad die Öle, fügen Sie die Sahne hinzu, damit sich das Öl besser mit dem Wasser verbindet, und geben Sie die Mischung in den heißen Strahl der Badewanne.

Für reife Haut:	3 Tropfen Orangenblüte
	3 Tropfen Lavendel
Für trockene Haut:	3 Tropfen Karottensamen
	3 Tropfen Bergamotte
Für normale Haut:	3 Tropfen Lavendel
	3 Tropfen Bergamotte
Für fette Haut:	4 Tropfen Basilikum
	2 Tropfen Zitrone

Kleine Wirkungsgeschichte der Pflanzenöle

Sesam ist vermutlich die älteste Ölpflanze der Welt und wird in China und Indien angebaut. **Sesamöl** gehört zu den teuersten Ölen der Welt. Es ist ein einzigartig angenehmes Hautöl, da es die Poren der Haut öffnet, in sie eindringt und pflegende Substanzen einschleust. Sogar giftige Stoffe, die sich im Fettgewebe abgelagert haben und die Aktivität der Zellen einschränken (zum Beispiel Schwermetalle und organische Lösungsmittel), werden so herausgelöst. Durch den ausgleichenden Anteil von Ölsäure und Linolsäure unterstützt Sesamöl zahlreiche Stoffwechselvorgänge im Körper und schützt unsere Zellen vor frühzeitiger Alterung. In Indien wird Sesamöl auch als Nerventonikum eingesetzt, das körperliche und seelische Kraft gibt, beruhigend, erdend und stärkend wirkt.

Bereits zu biblischen Zeiten war der Oliven- bzw. Ölbaum für die Mittelmeervölker der Inbegriff eines göttlichen Geschenks. Seit alters her wird **Olivenöl** als Heil- und Pflegemittel äußerlich und innerlich angewendet. Durch seinen hohen Gehalt an einfacher, ungesättigter Ölsäure und Vitamin E wirkt es sehr hautpflegend und regenerierend.
Das fette, die Haut durchwärmende Öl eignet sich gut für trockene, schlecht durchblutete, rissige und schuppende Haut. Es bietet außerdem einen ausgezeichneten Schutz vor freien Radikalen (aggressive chemische Verbindungen, die die Zellmembrane zerstören), die unter anderem durch Umweltbelastung wie UV-Licht, Ozon, Medikamente, Nikotin und Lösungsmittel entstehen.

Aus den Keimlingen des Weizenkorns wird durch Kaltpressung das wertvolle **Weizenkeimöl** gewonnen. Es hat einen hohen Gehalt von Linol und Linolensäuren (62 %) und bei Vitamin E ist es der Spitzenreiter unter den Pflanzenölen.
Dieses Öl wirkt vorzeitigen Alterungsprozessen der Haut entgegen und hält das Bindegewebe gesund.

In Asien wurde der Mandelbaum schon vor Jahrtausenden kultiviert, und das gewonnene **Mandelöl** war bereits im Altertum ein Hit in der Schönheitspflege. Auch heute noch wird Mandelöl durch Kaltpressung aus den reifen Samen der bitteren Mandel gewonnen. Es ist eines der kostbarsten Öle für die Hautpflege. Mandelöl wirkt beruhigend und schützt und pflegt spröde, schuppende und juckende Haut.

Jojobaöl ist unserem Hautfett am ähnlichsten, daher gilt es als exzellentes Pflegeprodukt. Es dringt gleichmäßig in die Haut ein und schützt sie nachhaltig. Mit seiner ausgezeichneten Tiefenwirkung reguliert es den Feuchtigkeitshaushalt und stabilisiert den Fettfeuchtigkeitsmantel (Hydrolipidmantel) der Haut.

SALZBÄDER

(für empfindliche Haut)
Salze aus dem Toten Meer sind naturbelassen und reich an Natrium, Kalium und Magnesium. Kalium sorgt für die Entwässerung, Magnesium stärkt die Muskulatur und beugt Gefäßablagerungen vor.
Die erhöhte Salzkonzentration auf der Haut setzt eine Osmose in Gang, das heißt einen Flüssigkeitsaustausch über die Hautoberfläche. Ein Teil des Gewe-

Badesalz aus dem Toten Meer strafft das Gewebe

bewassers mit gelösten Schlacken und Giftstoffen wird durch das Salz »herausgezogen«. Gleichzeitig werden wertvolle Mineralien und Spurenelemente aufgenommen. Der Stoffwechsel wird angeregt, der Fettabbau gefördert und das Gewebe gestrafft. Auch bei Neurodermitis ist Salz aus dem Toten Meer zu empfehlen.

Achten Sie beim Kauf ›res Badesalzes unbedingt auf Inhaltsstoffe. Lediglich in Salzen dem Toten Meer finden sich noch ›e Mineralien und Spurenelemente. Sie werden als Maris salt (Dead Sea ›lt) bezeichnet. Kochsalz oder Haus- ›altssalze sind für die Körperpflege ›geeignet, da sie behandelt (raffi- ›iert) wurden und ihnen sämtliche Nährstoffe entzogen sind.

Badesalz Ylang Ylang

5 EL Meersalz
12 Tropfen Ylang Ylang

Vermengen Sie die Zutaten und lösen Sie sie in körperwarmem Wasser auf. Genießen Sie dieses Bad 15 bis 20 Minuten lang – ohne weitere Zusätze. Duschen Sie sich danach nicht ab und ruhen Sie 20 Minuten lang in einen Bademantel eingehüllt.

CREMEBÄDER

(für jede Haut)

Cremebäder sind meine absoluten Favoriten, und ich gönne mir mehrmals die Woche und zu jeder Jahreszeit den Luxus, in diesen samtig-weichen und seidig-schimmernden Badecremes zu schwelgen.

Die Zusammensetzung von Cremebädern ähnelt einer hochwertigen Körpermilch. Sie umhüllen den Körper während des Badens mit einer milchig-feinen »Sahne«, die durch die Wärme des Wassers tief in die Haut eindringt und sie sättigt und nährt. Das Eincremen nach dem Bad erübrigt sich, da ein dezenter Creme-Film schützend auf der Hautoberfläche zurückbleibt. Tupfen Sie die Haut nur leicht trocken, hüllen Sie sich in einen Bademantel ein und lassen Sie auch den letzten Rest der pflegenden Substanzen in Ihre Haut eindringen.

Cremebäder ähneln in ihrer Zusammensetzung einer hochwertigen Körpermilch

Die wahre Wonne: Ein Cremebad mit Gesichtsmaske und Haarpackung

Winter-Cremebad

2 EL Olivenöl
1 EL Kakaobutter
1 EL Honig
6 Tropfen Mandarinenöl
1 Vanilleschote (ausgekratzt)

Verrühren Sie alle Zutaten und geben Sie sie in die Badewanne, bevor Sie warmes Wasser einlassen. Entspannen Sie 20 Minuten in diesem balsamisch duftenden Sahnebad.

Sommer-Cremebad

2 EL süßes Mandelöl
1 EL Sheabutter (Karitébutter)
3 Tropfen Limettenöl
2 Tropfen Grapefruitöl
2 Tropfen Orangenblütenöl

Mischen Sie alle Zutaten und geben Sie die Mischung in die Wanne, bevor Sie das warme Wasser einlassen. Entspannen Sie 20 Minuten in diesem erfrischenden und anregenden Cremebad.

Sheabutter, auch Karitébutter oder Frauengold genannt, ist ein reines Pflanzenfett, das aus der Nuß des afrikanischen Sheabaumes gewonnen wird. Der Baum gilt als heilig und »Schatztruhe« Zentralafrikas, da neben der Nuß auch Rinde und Blätter für heilende Zwecke eingesetzt werden. Nur Frauen dürfen die Früchte dieses Baumes ernten und bearbeiten. Die Butter wird durch Zerkleinern, Zermalmen und Kneten des getrockneten Kerns gewonnen.
Sheabutter wirkt entzündungshemmend und hat Vitamine (E, A, und Allantoin), die bei gestreßter Haut, Akne oder Allergien besonders wirksam sind. Sie ist rückfettend und feuchtigkeitsbindend.

Kakaobutter ist das Fett der Kakaobohne, das durch ein Preßverfahren, ähnlich wie bei der Sheanuß, gewonnen wird.
Sie reizt die Haut nicht, ist gelblich und duftet angenehm. Die sehr gehaltvolle Kakaobutter stimuliert den Stoffwechsel, strafft und glättet die Haut durch ihre leicht rückfettende Wirkung.

MASKEN & MEHR FÜR IHR GESICHT

Neben der täglichen Gesichtspflege zählt das Auftragen einer Maske oder Packung für viele Frauen zu den beliebtesten Pflegeritualen. Der hohe Nährgehalt dieser Zusatzpflege verleiht der Haut ein reines, frisches Aussehen, fördert die Durchblutung, strafft und mildert Faltenbildung und das mit sofort sichtbarem Erfolg.

Es gibt Masken, die nach dem Auftragen die Haut luftdicht abschließen, eintrocknen und dadurch eine Spannung auf der Haut erzeugen; der Wärmestau sorgt schließlich dafür, daß die Haut stärker durchblutet und gestrafft wird.

Packungen dagegen sind von fetter und cremiger Konsistenz, luftdurchlässig und nach 20 Minuten beinahe vollends in die Haut eingezogen. Sie haben einen hohen Wasser- und Fettanteil, durchtränken die Haut mit Feuchtigkeit, die Haut quillt auf und wirkt danach rosig und prall.

Beides tut der Haut gut.

Sparen Sie die Augenpartie beim Auftragen Ihrer antrocknenden Maske unbedingt aus, da die Haut in diesem Bereich sehr dünn und empfindlich ist und durch diese Maske stark strapaziert und ausgetrocknet würde. Crememasken dagegen können Sie direkt auf die Augenpartie auftragen – sie ziehen einfach ein.

Reinigen Sie vorher immer sehr gründlich Gesicht, Hals und Dekolleté und gönnen Sie sich vor dem Auftragen Ihrer Maske ein dreiminütiges Gesichtsdampfbad. Die Poren werden so weit geöffnet und lassen die Wirkstoffe tiefer eindringen.

Masken gibt es für jeden Hauttyp und Anlaß – zur Erfrischung, Reinigung, Straffung und Beruhigung.

Die regelmäßige Anwendung einer Gesichtsmaske ist eine Notwendigkeit für unreine, abgespannte oder einfach nur trockene und ausgelaugte Haut. Sie gilt in der Gesichtspflege als das Tüpfelchen auf dem »i« und ist ein besonderer Höhepunkt der Entspannung für Körper, Geist und Seele.

Beispiele für Masken und Packungen, die Sie ohne großen Aufwand und mit wenigen Mitteln selber anrühren können, finden Sie auf der folgenden Seite.

MASKEN

Die Wirkung straffender und durchblutender Masken können Sie durch die Zugabe klassischer Heilerde oder Tonerde verstärken. Sie zieht Schmutz und toxische Stoffe wie ein Magnet aus der Haut heraus. Darüber hinaus enthält Tonerde wertvolle Mineralien und Spurenelemente wie Eisen, Magnesium, Zink, Kalium, Kalzium und Kieselsäure.

Geben Sie bei der Zubereitung einer Maske mit Heil- oder Tonerde so lange Flüssigkeit zu, bis ein »pastöser« Brei entsteht, der sich leicht auf das Gesicht auftragen läßt, ohne zu bröseln oder abzurutschen. Sollte der Brei zu dünnflüssig sein, geben Sie noch etwas Heilerde hinzu. Falls er zu fest sein sollte, verlängern Sie Ihre Mischung durch Zugabe von Ihrem Hauttyp entsprechenden Blütenwässern.

Tragen Sie Masken und Packungen immer abends auf. Dann ist die Haut besonders aufnahmebereit für alle Nährstoffe.

Bei unreiner und fetter Haut

(reinigend und adstringierend)

2 EL Heilerde
1 TL Wasser
1 TL Bio-Joghurt
etwas Zitronensaft

Zutaten verrühren und 15 Minuten auf dem Gesicht einwirken lassen.

Die Maske mit den Fingerspitzen ein wenig abrubbeln und mit einer Pfefferminz-Kompresse abnehmen.

Bei trockener Haut

(nährend und glättend)

4 EL Heilerde
1/2 Avocado
4 TL Orangenblütenwasser

Zutaten verrühren und dick auf Gesicht, Hals und Dekolleté auftragen. Lassen Sie die Maske 20 Minuten einwirken und waschen Sie sie mit einer warmen Gesichtskompresse (Orangenblüten-Hydrolat) behutsam ab.

Bei empfindlicher Haut

(beruhigend)

2 EL Heilerde
1 Eiweiß
2 TL Lavendelwasser

Zutaten verrühren und auf Gesicht, Hals und Dekolleté verteilen. Lassen Sie die Heilerde-Maske 15 Minuten einwirken und waschen Sie sie mit warmer Blütenwasser-Kompresse (Lavendel) sorgfältig ab.

Bei reifer und zu Fältchen neigende Haut

(straffend und feuchtigkeitsregulierend)

4 EL Heilerde
2 EL Bienenhonig
4 TL Jojobaöl

Zutaten vermengen und gleichmäßig auf Gesicht, Hals und Dekolleté auftragen. Lassen Sie die Maske 20 Minuten einwirken und nehmen Sie sie mit warmen Gesichtskompressen (Blütenwasser) vorsichtig ab.

PACKUNGEN

Gesichtspackungen sind weiche und ergiebige Crememasken, die nicht auf der Haut trocknen und je nach Bedarf und je nach Hauttyp vollständig einziehen können.

Besonders bei sehr trockener und reiferer Haut sind Packungen eine Wohltat und sollten zum regelmäßigen Pflegeprogramm gehören.

Regenerationspackung

(nährt, glättet, bindet Feuchtigkeit und vitalisiert)

2 EL Sheabutter
1 TL Honig
1 TL süße Sahne
4 Tropfen ätherisches Öl (Sandelholz oder Jasminöl)

Zutaten vermischen und dick auf Gesicht, Hals und Dekolleté auftragen. Lassen Sie die Packung 30 Minuten einwirken und nehmen Sie sie mit einer warmen Kompresse (Sandelholzwasser) ab.

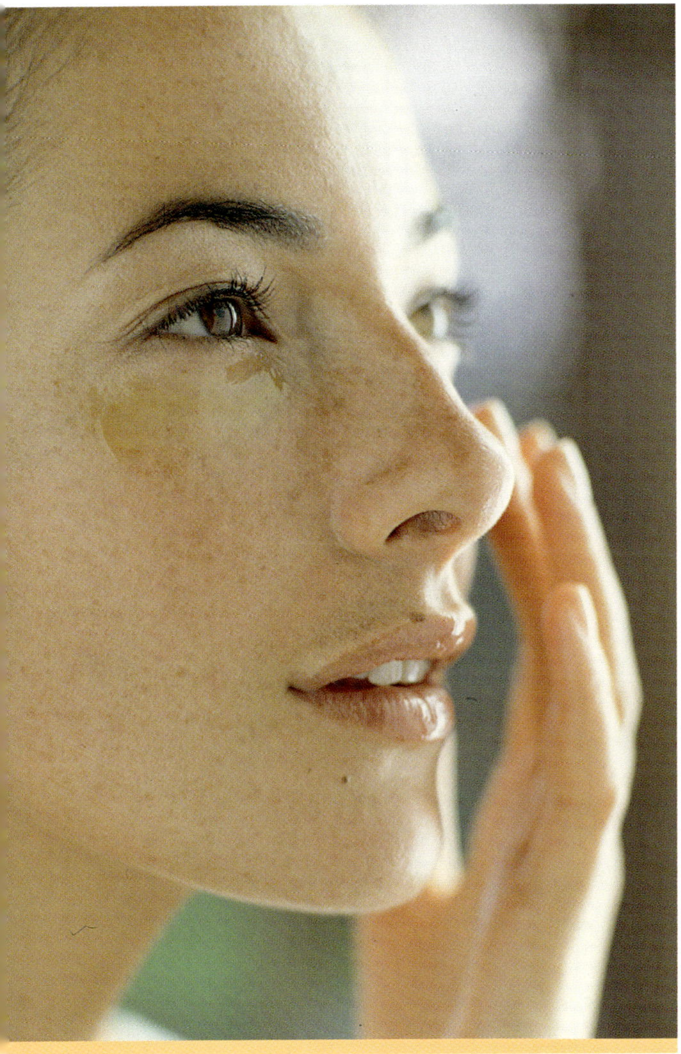

Die Haut um die Augen ist extrem dünn und empfindlich und braucht deshalb besonders sorgfältige Pflege

Augenbalsam

Auch die Haut um die Augen braucht eine spezielle und intensive Pflege, um der Entstehung von Fältchen entgegenzuwirken oder vorzubeugen. Augenbalsame, in denen hochwirksame Samenöle wie Holunderbeer- oder Johannisbeersamenöl enthalten sind, eignen sich dafür hervorragend und nähren und sättigen die Haut optimal.

Tragen Sie dazu morgens und abends eine Augencreme um das Auge herum auf und klopfen Sie sie vorsichtig mit Mittel- und Ringfinger ein, ohne die Haut dabei zu dehnen.

MEIN TIP

Bei Schwellungen der Augenpartie stellen Sie Ihren Augenbalsam 15 Minuten ins Kühlfach und klopfen Sie den gekühlten Balsam behutsam in die empfindliche Augenpartie ein. So erzielen Sie eine kühlende und beruhigende Wirkung.

Schönheitspflege bei Vollmond

NÄHREN, MASSIEREN & CREMEN

Bei den meisten Menschen ist die Körperhaut bedeutend fettiger und ölhaltiger als die Haut im Gesicht und an den Händen.

Doch auch die Körperhaut braucht eine regelmäßige, intensive Pflege, die den Säureschutzmantel der Haut regeneriert und sie ausreichend mit Fett und Feuchtigkeit versorgt. Speziell im Winter, bei trockener Heizungsluft, nach ausgiebigen Saunagängen oder auch im Sommer nach einem Sonnenbad braucht Ihr Körper Pflege: eine regenerierende Körperpackung, feuchtigkeitsspendende Körpermilch oder ein aromatisches Körperöl, das die Haut pflegt und nährt.

Durch das Einmassieren der Pflegeprodukte in die Haut wird die oberste Hornschicht abgeschuppt, was die Hautatmung und die Regeneration unterstützt und hilft, die pflegenden Substanzen optimal in die Haut einzuschleusen.

Generell gilt: Je fester und dickflüssiger eine Creme, um so wirkungsvoller ist sie für die Haut, da sie zum einen üppigere und reichhaltigere Inhaltsstoffe besitzt und zum anderen länger und kräftiger einmassiert werden muß als eine dünnflüssige Lotion. Die Creme kann dadurch tiefer einziehen, und Ihre Haut wird durch die Massage besser durchblutet.

Körperöle werden übrigens am besten von noch feuchter Haut aufgenommen. Tupfen Sie sich also nach dem Baden oder Duschen nur leicht ab und massieren das Öl sofort in die Haut ein.

In der kurzen Zeit des **Vollmondes** verwertet der Körper alles, was Sie ihm zuführen, besonders intensiv. Benutzen Sie daher nur hochwertige, rein pflanzliche und naturbelassene Pflegeprodukte. Die richtige Zeit also für eine entspannende Massage mit vitaminreichen Körperölen.

Bei Vollmond ist Ihr Körper für hochwertige Pflege besonders empfänglich

KÖRPERMASSAGE: IN ÖLEN AALEN

Bei einer intensiven und gezielten Körperpflege spielt die Ganzkörpermassage eine zentrale Rolle. Durch Drücken, Reiben und Streichen werden die Hautfunktionen angeregt, was bewirkt, daß der Körper über die Haut entschlackt und entgiftet. Gleichzeitig wird die Haut mit hochwertigen Pflanzenölen verwöhnt und versorgt.

Das alles bewirkt eine Ganzkörpermassage:

1. Eine schnellere Zellteilung

Durch die Massage wird die Zellteilung und damit die Erneuerung der Zellen angeregt. Alte, abgestorbene Zellen werden schneller ausgeschieden.

2. Förderung der Durchblutung

Durch die Massage wird die Durchblutung angeregt, wodurch sich Verspannungen lösen und niedriger Blutdruck ansteigt.

3. Einen schnelleren Stoffwechsel

Eine Körpermassage beschleunigt den Stoffwechsel, was eine schnellere Entgiftung zur Folge hat.

4. Kräftigung der Muskulatur

Die Muskulatur wird gestärkt und somit der ganze Körper aktiviert.

5. Kräftigung des Bindegewebes

Schwaches Bindegewebe wird durch eine Massage gestärkt und vitalisiert. Bei der Kosmetikerin können Sie durch eine gezielte Massage erfolgreich Cellulite und Schwangerschaftsstreifen behandeln lassen.

6. Muskelverspannungen lösen sich

Verspannungen, die eine schlechte Durchblutung der betroffenen Körperpartien zur Folge haben (Muskelkater), können sich durch die Massage lösen.

Verwenden Sie für die Herstellung von Massageöl ausschließlich kaltgepreßte Pflanzenöle aus erster Pressung, die noch im vollen Besitz aller Vitamine und Nährstoffe sind. Grundsätzlich eignet sich jedes hochwertige Öl als Massageöl und kann nach Herzenslust mit den verschiedensten ätherischen Ölen kombiniert und angereichert werden.

Aprikosenkernöl beispielsweise hat 65 Prozent einfache ungesättigte Fettsäuren – ein exquisites Haut- und Massageöl. Es ist besonders verträglich, auch für Babyhaut, paßt zu allen Hauttypen und unterstützt wirkungsvoll empfindliche, trockene und schuppige Haut.

Eine Ganzkörpermassage ist zu empfehlen bei:

Muskelverspannungen
schwachem Bindegewebe
schlechter Durchblutung
Schlafstörungen
niedrigem Blutdruck

Achtung,
nicht angewendet werden sollte sie bei:

Entzündungen
akutem Rheuma
Krampfadern (Thrombosegefahr)
Blutzucker
Asthma
Gicht
Infektionskrankheiten

Wertvolle Öle unterstützen Ihre Massage

Vitamin-Massageöl

25 ml Jojobaöl
25 ml Olivenöl
25 ml Aprikosenkernöl
25 ml süßes Mandelöl
6 Tropfen ätherisches Grapefruitöl
10 Tropfen Lavendelöl
10 Tropfen Weihrauch
10 Tropfen Rosenöl
4 Tropfen Neroliöl

Vermengen Sie alle Zutaten, füllen Sie den Inhalt in eine Flasche, schütteln Sie alles kräftig durch, und fertig ist Ihr Massageöl.

ANLEITUNG ZUR SELBSTMASSAGE

1. Beginnen Sie Ihre Massage, indem Sie genügend Öl in beiden Händen verteilen und zuerst den linken Arm mit der rechten Hand in kleinen Kreisen vom Handgelenk zur Schulter über die Außenkante und anschließend über die Innenseite ebenfalls zum Herzen hin glattstreichen. Wechseln Sie zum rechten Arm und wiederholen den Vorgang.

Duschen Sie sich vor Ihrer Selbstmassage ab und geben Sie das Öl auf die noch leicht feuchte Haut. Durch die Verbindung von Wasser und Öl dringt das Öl tief in die Haut ein.

2. Als nächstes werden die Beine im Stand massiert. Massieren Sie wieder in kleinen, kreisenden Bewegungen zuerst das rechte Bein über die Außenkante von unten nach oben und streichen Sie dann über das Schienbein aus. Wechseln Sie zum anderen Bein.

3. Im dritten Schritt massieren Sie den Po, zuerst die linke, dann die rechte Pobacke von unten nach oben.

4. Gehen Sie nun zu den Schultern und massieren auch dort in kleinen Kreisen zuerst die rechte, dann die linke Schulter und gehen Sie über zum Hals- und Nackenbereich.

5. Den Busen können Sie synchron mit beiden Händen von außen nach innen massieren. Gehen Sie sanft dabei vor und vermeiden Sie zu drücken oder zu quetschen.

6. Als letztes massieren Sie den Bauch vom Nabel ausgehend im Uhrzeigersinn.

Zum Abschluß verteilen Sie das restliche Öl mit beiden Händen von unten nach oben auf dem ganzen Körper, hüllen sich in einen Bademantel und ruhen für zehn Minuten aus. Schließen Sie die Augen und versuchen Sie total zu entspannen und abzuschalten. Dadurch unterstützen und intensivieren Sie die Wirkung der Massage und der Öle.

PROFI-GRIFFE FÜRS GESICHT

Pflanzenöle sind eines der wertvollsten Geschenke der Natur an den Menschen – vorausgesetzt, sie werden schonend gewonnen.
Bei der Kaltpressung der Öle wird das gesunde, keimfähige Saatgut, der Kern oder die Frucht mechanisch zerkleinert und kalt (ohne vorherige Erhitzung) in die Presse gegeben. Die Hitze darf beim Pressen 60 bis 75 Grad nicht überschreiten. Anschließend wird das Öl gefiltert. Nur so behalten die Öle ihre natürliche Zusammensetzung; alle Vitamine, Lecithin, Aromastoffe und andere wertvolle Inhaltsstoffe bleiben erhalten, die ungesättigten Fettsäuren verändern sich nicht und das Öl behält seine typische Farbe.

Besonders kostbare Pflanzenöle, wie die Samenöle, eignen sich für Ihre Gesichtsmassage

SAMENÖLE – PERLEN FÜR DIE HAUT

Verwöhnen Sie Ihre Haut mit den kostbarsten Pflanzenölen, die die Natur uns bietet – den Samenölen. Diese Öle enthalten einen ungewöhnlich hohen Anteil an mehrfach ungesättigten Fettsäuren (beispielsweise Linolsäure bis zu 71 Prozent) und einen besonders hohen Anteil hautpflegender Gammalinolensäure (bis zu 23 Prozent).
Bereits die Indianer Nordamerikas haben das Nachtkerzenöl zur Behandlung von Hautausschlägen verwendet. Die moderne Medizin setzt Samenöle bei verschiedenen Hautproblemen wie Narben, Allergien, Neurodermitis und anderem ein.
Vor kurzem entdeckte man die Samenöle aus der Nachtkerze, der Wildrose, dem Borretsch und der Johannisbeere auch für die Schönheitspflege.
Neu auf dem Weltmarkt sind Holunderbeer- und Sanddornsamenöl. Diese kostbaren Öle werden sehr leicht von der Haut aufgenommen, ohne einen spürbaren Ölfilm zu hinterlassen. Sie binden in hohem Maße Feuchtigkeit, erzeugen ein samtig weiches Hautgefühl und fördern intensiv die natürliche Regeneration der Haut.

Eine Gesichtsmassage mit wertvollen Samenölen entspannt die Gesichtsmuskulatur, schleust Wirkstoffe tief in die Haut ein und durchblutet müde und schlaffe Haut optimal.

MASSAGEGRIFFE FÜR IHR GESICHT

Hier die sechs besten Massagegriffe für eine dreiminütige Selbstbehandlung. Geben Sie etwas Samenöl auf Ihre Handinnenflächen und genießen Sie Ihre Gesichtsmassage.

1. Unterkiefer

(beugt einem Doppelkinn vor und strafft die Konturen der Wangenknochen)

Streichen Sie mit gestreckten Fingern von der Kinnmitte bis zur Höhe des Ohrläppchens den Kieferknochen entlang. Pro Seite mindestens achtmal.

2. Mund und Kinn

(entspannt Mimikfältchen im Mundbereich)

Massieren Sie mit beiden Händen in einem kleinen Kreis von der Kinnpartie ausgehend zum Mund und über die Lippen zurück zum Kinn (12- bis 15-mal).

3. Nase und Oberlippe

(wirkt den Nasolabialfalten, den Furchen zwischen Mund und Nase, entgegen)

Mit beiden Mittel- und Zeigefingern von der Mitte der Oberlippe zu den Nasenflügeln und zurück streichen. Mindestens eine halbe Minute (20mal).

1

3

4. Augen

(entspannt die Augenpartie und wirkt Krähenfüßen entgegen)

Mit beiden Mittelfingern sanft von den Augenwinkeln über das Unter- und Oberlid, also von außen nach innen, kreisen. Jede Seite fünf- bis siebenmal.

5. Stirn

(gut gegen Runzeln und Stirnfalten)

Streichen Sie mit mehreren Fingern beider Hände in einem großen Bogen von der Nasenwurzel über die Augenbrauen zu den Schläfen bis zum Haaransatz hin. Jede Seite mindestens fünfmal von oben nach unten sanft massieren.

6. Wangen

(durchblutet und glättet)

Zum Schluß die gesamte Wangenpartie in kleinen kreisenden Bewegungen von unten nach oben und von der Gesichtsmitte nach außen durchmassieren. Massieren Sie so lange, bis die Haut rosig schimmert. Das Öl sollte jetzt vollständig eingesogen sein. Klopfen Sie Reste mit allen Fingerspitzen sanft ein.

5

6

6. Wassertreten

Kalte Beingüsse und Tau- oder Wassertreten nach Pfarrer Kneipp sind hervorragende Fitmacher für müde und geschwollene Beine.

7. Körperwickel

Cremen Sie den Problemzonenbereich an Bauch, Hüften, Beinen und Po mit Aromaöl-Körperbalsamen ein und wickeln Sie die behandelten Zonen zur Verstärkung mit einem vorgewärmten Leinentuch ein. Bleiben Sie mindestens 20 Minuten liegen (Beinwickel können auch mehrere Stunden am Bein bleiben) und massieren Sie den verbleibenden Balsam gut in die Haut ein.

8. Bekleidung

Tragen Sie nur locker sitzende Kleidung, um Stauungen in den Beinen zu vermeiden. Kneifende Kniestrümpfe, zwickende Slips, enge Hosen- oder Rockbünde sind Gift für die Durchblutung Ihrer Beine und begünstigen die Cellulite.

9. Bäder

Baden Sie speziell während der abnehmenden Mondphase täglich abwechselnd in Meersalz- und Aromaölbädern (12 Tage = 6 Salz- und 6 Ölbäder). Cremen Sie Ihre Problemzonen nach den Salzbädern gut mit Cellulite-Balsam ein.

10. Disziplin & Ausdauer

Nur eine regelmäßige Therapie hat langfristig den Erfolg, den Sie sich wünschen. Auch der beste Wille hilft nichts, wenn man ihn nach kurzer Zeit wieder verliert. Bleiben Sie bei Ihren guten Vorsätzen, nur so ist Cellulite chancenlos!

Bürstenmassagen stimulieren nicht nur den Stoffwechsel, sie machen auch die Haut glatt und zart

BÜRSTENMASSAGEN

Das Abbürsten der trockenen Haut vor oder nach einem Bad oder einer Dusche entfernt nicht nur abgestorbene Hautzellen, sondern stimuliert zugleich den Lymphabfluß im Körper. Schlacken und Ausscheidungsprodukte werden so abtransportiert und ausgeschieden.

Bürsten Sie den ganzen Körper, besonders aber die Problemzonen um die Hüfte, Bauch, Beine und den Pobereich mit langen, großzügigen Strichen. Bürsten Sie immer von unten nach oben und beginnen Sie mit den Füßen, dann weiter über die Beine in Richtung Herz. Bearbeiten Sie die Po-Oberschenkel- und Bauchgegend kreisförmig und im Uhrzeigersinn. Üben Sie anfangs nur leichten Druck aus, den Sie allmählich steigern. Steigen Sie nach der Bürstenmassage in ein duftendes, nicht zu heißes Aromaöl-Cellulite-Bad und entspannen Sie darin für 20 Minuten. Wickeln Sie den Körper in vorgewärmte Handtücher oder in einen Bademantel und bleiben Sie zehn Minuten entspannt liegen.

Cellulite-Badeöl

50 ml Weizenkeimöl
50 ml Jojobaöl
5 Tropfen ätherisches Wacholderöl
10 Tropfen Orangenöl
3 Tropfen Zypressenöl
3 Tropfen Zitronenöl

Vermischen Sie die Zutaten, schütteln Sie alles gut durch und füllen Sie das Öl in eine Flasche. Für ein Vollbad geben Sie 3 EL des Öls in das fertige Badewasser.

THALASSOTHERAPIE

Thalassotherapie (griechisch: thalassa – Meer, therapeia – Pflege) ist eine Regenerations- und Anti-Cellulite-Behandlung mit Meeresprodukten wie Algen, Schlamm und Meersalz. Sie stärkt das Immunsystem, entgiftet und entschlackt den Körper von innen und außen und macht rundum fit, schlank und schön.

Der Grund für die sehr intensive und hautfreundliche Wirkung dieser Therapie liegt nicht zuletzt daran, daß der Mineralstoffgehalt des menschlichen Blutserums weitgehend mit dem von Meerwasser identisch ist.

Blattalgen regen den Stoffwechsel an, entsäuern und entschlacken, beschleunigen den Fettabbau und erhöhen die Leistungsfähigkeit. Seetang, kombiniert mit Meerwasserkonzentrat, entwässert und wird gegen Cellulite eingesetzt. Meerschlamm (Black Mud) hält die Feuchtigkeit in der Haut, beruhigt empfindliche, gereizte Haut und stellt das natürliche Gleichgewicht wieder her. Meersalz fördert die Zellerneuerung, die Durchblutung und reguliert die Funktion der Talgdrüsen.

Die neueste Behandlung im Rahmen einer Thalassotherapie ist die Algen-Meerschlamm-Bandagenwicklung. Diese hochwirksame Ganzkörperbehandlung dient der Remineralisierung, Entsäuerung und Entschlackung des Gewebes; die Haut wird straffer, der Körperumfang reduziert sich meßbar.

Der Erfolg dieser Methode beruht auf dem folgenden Behandlungsprinzip:

1. Ganzkörperwaschungen mit Hamamelis-Blütenwasser: Der Körper wird komplett mit anregenden Blütenwässern (Hamamelis) vorgereinigt.
2. Ganzkörperpackungen mit Frisch-Algen: Der Körper wird mit einem Algenbrei, der frisch zubereitet wird, eingepinselt.
3. Warme Bandagenwickel mit Meersalz und Schlamm aus dem Toten Meer: Der Körper wird komplett mit Bandagen aus Naturfasern (Baumwolle oder Leinen) eingewickelt. Während Sie 20 Minuten entspannen, ziehen die Wirkstoffe ein.
Nach einer Dusche folgt der krönende Abschluß:
4. Ganzkörpermassage mit erwärmten Aroma-Körperbalsamen oder Ölen.
Diese Methode ist nicht nur zum Fettabbau und gegen Cellulite erfolgreich; sie wirkt auch bei Krampfadern, Besenreisern, entzündlichem Rheuma, Muskelverhärtungen und Verspannungen.
Da die Meersalz-Meerschlammlösung eine höhere Salz- und Mineralstoffkonzentration als unser Gewebe enthält, wird durch das Anlegen der durchtränkten, warmen Bandagen das biophysikalische Phänomen der »Osmose« (schwächere Lösung wird durch stärker konzentrierte Lösung angezogen) genutzt. Dies bedeutet übersetzt: Salz zieht Wasser an. Die hohe Salzkonzentration in den Bandagen entzieht also dem Gewebe Wasser mitsamt gelösten Schlackenstoffen und fördert gleichzeitig die Aufnahme wertvoller Mineralien. Da die Orangenhaut im wesentlichen aus aufgeblähten Fettzellen und Wassereinlagerungen besteht, die unter Umständen über die Lymphgefäße nur unzureichend abgeführt werden, ist diese Behandlung äußerst effektiv.

Thalassotherapien sind als kosmetische Maßnahme bei Cellulite, Bindegewebsschwäche mit Wassereinlagerungen, erschlafftem Gewebe nach einer Schwangerschaft oder nach größerer Gewichtsabnahme sowie zum Abbau von Fettpölsterchen zu empfehlen.
Im medizinischen Bereich lassen sie sich beispielsweise bei rheumatischen Erkrankungen, Durchblutungsstörungen, Mineralstoffmangel und nach Verbrennungen einsetzen.

Thalassotherapie zu Hause

Auch daheim können Sie sich etwas Gutes tun, indem Sie sich ein entschlackendes Bad in Meersalz aus dem Toten Meer gönnen. Das Meersalz entzieht dem Gewebe Wasser und Schlackenstoffe und läßt die Haut danach wunderbar weich und glatt erscheinen. Sie können die Wirkung noch optimieren, indem Sie Ihren Körper vor dem Bad mit einem Körperpeeling gründlich abrubbeln und danach lauwarm abduschen.
Erst dann steigen Sie in Ihr Meerbad und entspannen darin für maximal 20 Minuten. Salzbäder sollten eine Temperatur von 38 Grad nicht übersteigen, da der Kreislauf sonst zu sehr belastet werden könnte.
Trocknen Sie sich hinterher nicht ab, sondern kuscheln Sie sich in einen Bademantel und lassen Sie die Wirkstoffe des Meeres noch zehn Minuten nachwirken.
Achtung: Während der Schwangerschaft, bei Fieber, Bluthochdruck, Kreislaufschwäche und Schilddrüsenerkrankungen sollte auf Thalassotherapie verzichtet werden.

Die beiden folgenden Therapien können Sie nur von professionellen Therapeutinnen oder Kosmetikerinnnen durchführen lassen. Sie sind eine sinnvolle und effektive Unterstützung und Ergänzung Ihrer Anti-Cellulite-Behandlung zu Hause.

Vakuummassagen

Bei der Vakuummassage wird durch eine Saugglocke ein Unterdruck hergestellt, der das tiefliegende Gewebe an den von Cellulite betroffenen Stellen sozusagen in »Bewegung« bringt. Wasser- und Fettablagerungen können so ausgeschieden werden.

Vor der Massage werden Sie reichlich mit Cellulite-Balsam oder Aromaöl eingerieben, damit die zu behandelnde Oberfläche glatt und gleitfähig ist.

Eine Behandlung dauert etwa 45 Minuten. Die Kosmetikerin setzt die Saugglocke am Innenknie des rechten Oberschenkels an und arbeitet sich über die Mitte des vorderen Oberschenkels zum Bauchbereich vor. Pro Zone wird die Glocke in fünf Bahnen auf den vorderen und hinteren Oberschenkeln und am Pobereich angesetzt. Zwischendurch werden die bearbeiteten Stellen kräftig ausmassiert.

Eine abschließende Ganzkörperwaschung mit alkoholfreien Blütenwässern (Hamamelis oder Pfefferminze) reinigt die Poren und hinterläßt ein frisches und straffes Hautgefühl.

Achtung: Bei einer festen Cellulite könnte diese Behandlung anfangs etwas schmerzhaft sein und sogar blaue Flecken verursachen, da das Gewebe erst gelockert werden muß.

LYMPHDRAINAGE

Während einer Lymphdrainage werden die Bahnen entlang der Lymphe sanft massiert, was eine enorme Wirkung auf Haut, Psyche und Abwehrsystem hat. Die an- und abschwellende Berührung geht sehr in die Tiefe und unterstützt den Fluß der Lymphe.

Die Gewebsflüssigkeit, die sich in den weitverzweigten Lymphbahnen unseres Körpers sammelt, dient dem Abtransport von Stoffwechselabfällen. Die Lymphknoten sind die Filteranlagen dieses Systems und für die Reinigung der Gewebsflüssigkeit zuständig. Eine Lymphdrainage regt die Aktivität der Lymphe an und entwässert das Bindegewebe durch einen pumpenden Druck.

Eine Drainage des ganzen Körpers beginnt am Hals und führt über Gesicht, Oberkörper, Arme, Rücken und Bauch bis zu den Beinen.

Bei einer Teildrainage beginnt die Behandlung im Hüftbereich und verläuft über die Leiste zu den Knien und wieder zurück. Diese Massage wird grundsätzlich ohne Öle oder Cremes durchgeführt, damit der Kontakt zwischen Hand und Haut unbeeinträchtigt ist.

MEIN TIP

Augendrainage – selbstgemacht

Haben Sie geschwollene Augenlider nach einer durchtanzten Nacht oder einem Sushi-Essen mit verschwenderisch viel Sojasauce!? Da das Gewebe um die Augen herum besonders zart und locker ist, lagert sich hier auch gerne Wasser ein. Mit einer sanften Massage können Sie dafür sorgen, daß die Gewebsflüssigkeit schneller wieder abfließt: Streichen Sie mit den Fingerspitzen unter den Augen in einer geraden Linie zum Ohr und dann im rechten Winkel den Hals hinunter bis zum Schlüsselbein, den sogenannten Salzfässern. Massieren Sie zuerst die rechte, dann die linke Gesichtshälfte und nehmen Sie sich mindestens zwei Minuten Zeit für jede Seite.

BELEBENDE GESICHTSMASKEN

Eine Reinigungsmaske wirkt wahre Wunder: Aus Heilerde, Quark oder Hafermehl für jede Haut oder eine »Gemüsemaske« bei fettiger Haut und hartnäckiger Akne. Entzündete Pickel und kleine Narben heilen schneller ab, das Gewebe wird gestärkt und die Haut erfrischt und gut durchblutet.

Eine Reinigungsmaske mit Heilerde – abgestimmt auf Ihren Hauttyp – wirkt wahre Wunder

Kohlmaske

(für fette Haut)

1 kleiner Weißkohl
etwas kochendes Wasser

Reiben Sie den Weißkohl und vermengen Sie die Masse mit etwas kochendem Wasser. Tragen Sie die Maske auf das gründlich gereinigte Gesicht auf und lassen Sie sie 20 bis 30 Minuten einwirken.
Waschen Sie den Brei mit einer Pfefferminzwasser-Kompresse ab und tragen Sie als pflegenden Abschluß eine leichte Kräuter-Gesichtsmilch (Salbei-Minze) dünn auf Gesicht, Hals und Dekolleté auf.

Heilerdemaske

(für jede Haut)

3 EL Heilerde
frisch gekochter Kräutertee (bei normaler Haut)
oder
Wasser und etwas Zitronensaft (bei fetter Haut)
oder
Avocadoöl (bei trockener Haut)
2 Tropfen echtes Lavendelöl

Vermengen Sie die Heilerde je nach Hauttyp mit Tee, Wasser oder Öl, bis ein dickflüssiger Brei entsteht. Fügen Sie Lavendelöl (wirkt antibakteriell) hinzu und tragen die Maske dick auf Gesicht und Hals auf. Wenn die Maske hart geworden ist, mit den Fingerspitzen sanft abrubbeln und mit warmen Kompressen abwaschen.

Quarkmaske

(für trockene und reife Haut)

1 Eigelb
etwas süßes Mandel- oder Olivenöl (kaltgepreßt)
ein paar Tropfen Zitronensaft
1 EL Quark

Rühren Sie Eigelb, Öl und Zitronensaft unter den Quark. Tragen Sie die Masse auf Gesicht und Hals auf und lassen Sie sie zehn Minuten einwirken. Mit einer gewärmten Blütenwasser-Kompresse abwaschen.

JUST PURE:
Schönheit & Wellness Treatments für Body und Face im Rhythmus des Mondes

Die Just-Pure-Produkte, hergestellt nach antroposophischen Richtlinien (Mondphasen), sowie unsere Beauty-Behandlungen, ebenfalls abgestimmt auf die jeweilige Mondphase, finden Sie beinahe in jeder größeren Stadt.

Sollten wir dennoch nicht in Ihrer Nähe vertreten sein, rufen Sie uns an. Gern helfen wir Ihnen mit fachkundiger Information, Adressen und Tips weiter (unsere Anschrift finden Sie im Anhang, siehe Seite 186).

Just-Pure-Produkte und -Behandlungen sind immer auf die jeweilige Mondphase abgestimmt

Mondkalender für die Schönheitspflege

Die folgende Liste gibt Ihnen einen schnellen Überblick über die richtigen Zeitpunkte für Ihre Schönheitspflege:

Anti-Cellulite-Programme

Vollmond und abnehmender Mond, besonders wirkungsvoll an Schützetagen.

Enthaarungen

Neumond und abnehmender Mond, auch an Steinbocktagen.

Fuß- und Nagelpflege

Bei abnehmendem Mond und Neumond und an Steinbocktagen, nicht an Fische- und Zwillingstagen.

Dampfbäder

Bei zunehmendem Mond und an Steinbocktagen.

Haarpflege

Haare schneiden:

Für dichteren Wuchs bei abnehmendem Mond, besonders an Löwetagen, nicht jedoch an Fische- und Krebstagen.
Für schnelleren Wuchs bei zunehmendem Mond, besonders an Löwe- oder Jungfrauentagen.

Haare tönen oder färben:

Bei zunehmendem Mond und Vollmond, besonders wirkungsvoll an Zwillings- oder Waagetagen.

Dauerwelle:

Bei zunehmendem Mond und Vollmond, besonders an Jungfrauentagen.

Kuren und Packungen:

Bei zunehmendem Mond und Vollmond.

Hornhautentfernung

Bei abnehmendem Mond, nicht jedoch an Fische- und Steinbocktagen.

Krampfadern

Cremen und salben bei zunehmendem Mond und Vollmond, Operationen nur im abnehmenden Mond, nicht jedoch an Steinbock-, Wassermann- und Fischetagen.

Masken und Packungen

Bei zunehmendem Mond und Vollmond, besonders wirkungsvoll an Steinbocktagen.

Massagen

Entgiftende und entschlackende Massagen:

Abnehmender Mond, besonders an Zwillingstagen.

Regenerierende und kräftigende Massagen:

Zunehmender Mond und Vollmond, besonders an Zwillingstagen.

Fußreflexzonen-massagen:

ausleitend: bei abnehmendem Mond,
stabilisierend: bei zunehmendem Mond, besonders wirkungsvoll an Fischetagen.

Peelings und Schälkuren
Bei abnehmendem Mond, nicht jedoch an Krebs- und Fischetagen.

Pickel und Mitesser entfernen
Abnehmender Mond und Neumond, nicht jedoch an Steinbocktagen.

Sauna
Bei abnehmendem Mond, besonders erholsam, wenn der Mond in einem der Feuerzeichen steht (Löwe, Widder oder Schütze).

Vollbäder
Pflegende Creme- und Ölbäder:
Vollmond und zunehmender Mond.

Reinigende, entgiftende Salz- und Molkebäder:
Abnehmender Mond und Neumond.

Heilende und beruhigende Kräuterbäder:
Vollmond und zunehmender Mond, besonders wirkungsvoll an Tagen, wenn der Mond in einem Erdzeichen steht (Stier, Jungfrau, Steinbock).

Zahnstein entfernen
Bei abnehmendem Mond, besonders wirkungsvoll an Steinbocktagen.

MEIN TIP
Steinbocktage sind die idealen Hautpflegetage! Alles was der Haut guttut und sie verwöhnt, sollte besonders dann praktiziert werden, wenn der Mond im Steinbock steht. Masken, Packungen, Massagen für Gesicht und Körper mit hochwertigen Samenölen und anderem haben jetzt eine besonders wohltuende und intensive Wirkung.

Ernährung

MIT DEM MOND

Wie Sie Ihre Ernährung optimal mit dem Einfluss der Mondphasen abstimmen können

Essen mit dem Mond

Ernährung ist ein wesentlicher Bestandteil einer bewußten und ganzheitlichen Lebensweise. Je nachdem, was und wie wir essen, fühlen wir uns leicht, fit und rundum wohl oder eben belastet, schwer und bleiern müde. Aber nicht nur die Wahl der Nahrungsmittel und die Umgebung und Stimmung, in der wir essen, sind von großer Bedeutung. Auch der richtige Zeitpunkt von Zubereitung und Verzehr der Nahrungsmittel spielt eine wichtige Rolle.

Der Stand des Mondes hat einen ganz wesentlichen Einfluß auf die Verwertung und Verdauung von Nahrungsmitteln. Und es lohnt sich, die Mondphasen zu berücksichtigen, wenn Sie Gewicht zunehmen oder abnehmen wollen.

Es kommt nicht nur darauf an, was Sie essen, sondern auch wann Sie essen. Abhängig von der jeweiligen Mondphase verdaut Ihr Körper Nahrungsmittel ganz unterschiedlich.

Achten Sie einmal darauf: Bei zunehmendem Mond zum Beispiel haben Sie eher Heißhunger auf »ungesunde Sachen«, die Sie sonst vielleicht meiden: Süßigkeiten, Kuchen, Sahnesaucen – kurz, auf alles, was nahtlos auf die Hüften wandert. Selbst wenn Sie in dieser Zeit so essen wie gewohnt, nehmen Sie schneller zu als bei Neumond oder abnehmendem Mond. Befindet sich der Mond dagegen in seiner abnehmenden Phase, verdaut und verwertet der Körper schneller, und selbst eine »Überdosis« Lieblingspizza läßt den Zeiger der Waage am nächsten Tag nicht gleich nach rechts ausschlagen.

Hier in Kürze noch einmal das Prinzip der Mondphasen und ihr Einfluß auf die Ernährung:

Bei **Neumond** ist die Entgiftungsbereitschaft des Körpers am höchsten. In dieser Zeit werden alle Kräfte in das Entgiften und Entschlacken, in die »Reinigung« des Körpers gesteckt. Wenn Sie jetzt einen Saft- oder Tee-Tag einlegen, wird Ihr Körper darauf besonders positiv reagieren.

Der **zunehmende Mond** bewirkt genau das Gegenteil: Seine Kraft sammelt und speichert, der Körper verwertet jetzt alles, was Sie ihm zuführen, besonders gut. Fettreiche und schwere Nahrung können rascher zu Völlegefühl und Gewichtszunahme führen als an anderen Tagen. Achten Sie also besonders in der Zeit des zunehmenden Mondes auf leichte, vitaminreiche Kost.

Bei **Vollmond** spüren Sie die verwertende und aufnehmende Kraft des Mondes am deutlichsten. Wenn Sie Gewichtsprobleme haben, sollten Sie jetzt beim Essen ganz besonders wählerisch sein und grundsätzlich weniger zu sich nehmen als an anderen Tagen. Es gilt die Devise: Qualität statt Quantität.

Der **abnehmende Mond** bringt das Verdauungssystem wieder auf Trab und sorgt dafür, daß Ihr Körper entwässert und entschlackt. Möchten Sie diesen Impuls verstärken, achten Sie darauf, Lebensmittel zu sich zu nehmen, die die Ausscheidung aktivieren, zum Beispiel Reis, Kartoffeln und spezielle Gemüse.

DER EINFLUß DER TIERKREISZEICHEN

Neben den Mondphasen spielen die Tierkreiszeichen, die der Mond auf seiner Reise um die Erde durchwandert, eine wesentliche Rolle in der Ernährung.

Wie im Kapitel Mond Power (siehe Seite 8) beschrieben, korrespondiert jedes Tierkreiszeichen mit einem der vier Elemente Erde, Wasser, Luft und Feuer; das heißt es gibt Erd-, Wasser-, Luft- und Feuerzeichen. Die vier Elemente wiederum sind vier Nährstoffen zugeteilt: Salz, Kohlenhydraten, Fett und Eiweiß.

Der Organismus reagiert an bestimmten Tagen – entsprechend den vier Elementen, die mit den Tierkreiszeichen in Verbindung stehen – auf bestimmte Nährstoffe besonders ausgeprägt.

Das schlägt sich bei manchen Menschen (Typ A) darin nieder, daß sie dann einen der vier Nährstoffe Salz, Kohlenhydrate, Fett oder Eiweiß besonders gut aufnehmen und verwerten.

Manche Menschen (Typ B) hingegen vertragen und verwerten an den besagten Tagen gerade diese Nährstoffe besonders schlecht.

Die Verträglichkeit der jeweiligen Nährstoffe an den spezifischen Tagen ist also individuell verschieden und läßt sich nur durch eine sorfältige Selbstbeobachtung genau feststellen.

Experimentieren Sie mit sich selbst und finden Sie heraus, wie Ihr Körper reagiert.

Dann werden Sie in der Lage sein, Ihren ganz persönlichen Ernährungsplan im Rhythmus des Mondes zusammenzustellen.

Welche Nährstoffe bestimmte Elemente und Tierkreiszeichen beeinflussen

Element	Tierkreiszeichen	Nährstoff
Erde	Stier Jungfrau Steinbock	Salz
Wasser	Krebs Skorpion Fisch	Kohlenhydrate
Luft	Zwilling Waage Wassermann	Fett
Feuer	Widder Löwe Schütze	Eiweiß

Salz und das Element Erde

Wenn der Mond im Stier, in der Jungfrau oder im Steinbock (Erdzeichen) steht, reagiert der Körper besonders ausgeprägt auf Salz.

Wenn Sie zu den Personen zählen, deren Körper gerne und schnell Salz bindet, oder wenn Sie aus gesundheitlichen Gründen salzarm essen müssen, achten Sie ganz besonders an diesen Tagen auf eine salzarme oder sogar salzlose Kost.

Generell gilt: Typ A verträgt und braucht an Salztagen mehr Salz als sonst (Speisen können dann etwas mehr gesalzen werden). Gehen Sie aber, falls Sie zu diesem Typus gehören, immer eher zurückhaltend mit Salz um, denn es ist in größeren Mengen der Gesundheit wenig zuträglich. Typ B hingegen verträgt und braucht an diesen Tagen weniger Salz als sonst (in diesem Fall am besten ganz auf Salz verzichten).

Kohlenhydrate und das Element Wasser

Wenn der Mond im Krebs, im Skorpion oder im Fisch (Wasserzeichen) steht, reagiert der Körper besonders ausgeprägt auf Kohlenhydrate.

Essen Sie gerne Brot, Gebäck, Nudeln und Pizza? Wenn Sie auf Ihre Figur achten möchten, sollten Sie an den Tagen des Elements Wasser auf Gemüse, Salate und Suppen umstellen und Speisen mit hohem Kohlenhydratanteil meiden.

Generell gilt: Typ A verträgt und braucht an diesen Tagen mehr kohlenhydratreiche Nahrungsmittel wie Getreide, Kartoffeln und Hülsenfrüchte und verspürt dann einen regelrechten Heißhunger zum Beispiel auf Teigwaren.

Typ B hingegen verträgt und braucht an diesen Tagen weniger Kohlenhydrate als sonst. Wenn Sie schnell zunehmen und zu Stoffwechselstörungen neigen, meiden Sie an diesen Tagen kohlenhydratreiche Lebensmittel.

Fett und das Element Luft

Wenn der Mond im Zwilling, in der Waage oder im Wassermann (Luftzeichen) steht, reagiert der Körper besonders ausgeprägt auf Fett.

Fette, ölige Speisen, Spaghetti in Sahnesauce, dick mit Leberwurst oder Salami belegte Brote oder Schweinsbraten mit fetter Kruste – an diesen Tagen sind diese Nahrungsmittel besonders gefährlich für Figurbewußte. Vor allem tierische Nahrungsfette werden jetzt durch den Einfluß der Luftzeichen besonders schlecht verwertet und »setzen an«.

Generell gilt: Typ A verträgt und braucht an Lufttagen fetthaltigere Nahrung. Stillen Sie Ihre Gelüste aber möglichst ausschließlich mit pflanzlichen Fetten, da diese lebenswichtige, zweifach ungesättigte Fettsäuren enthalten.

Typ B verträgt weniger Fett als an anderen Tagen und sollte in diesem Falle unbedingt auf eine fettreduzierte Nahrung achten.

Eiweiß und das Element Feuer

Wenn der Mond im Widder, im Löwen oder im Schützen (Feuerzeichen) steht, reagiert der Körper besonders ausgeprägt auf Eiweiß.

Wenn Sie zu den Menschen gehören, die eiweißreiche Nahrung gut vertragen, wird dieser Nährstoff jetzt optimal verwertet. Eiweißstoffe (Proteine) bestehen aus Aminosäuren, die über die Nahrung aufgenommen werden müssen. Sie fördern den Aufbau von Muskeln, Knochen, Zellen und Bindegewebe. Für ein straffes Bindegewebe und die Zellerneuerung ist insbesondere die Haut auf die Zufuhr von Eiweiß angewiesen. Eiweißreiche Nahrung – in Maßen – steigert außerdem die körperliche und geistige Leistungsfähigkeit und Vitalität.

Generell gilt: Typ A verträgt an diesen Tagen mehr eiweißreiche Nahrung als sonst.

Typ B hingegen sollte auf Milch-, Soja- und Fischprodukte verzichten oder sie zumindest reduzieren.

Ernährung bei Neumond

Fasten mit frischen Säften, Trinkmolke oder Kräutertees ist bei Neumond besonders effektiv

ZEIT FÜR EINEN FASTENTAG

Die Neumond-Phase mit ihrer entschlackenden und entgiftenden Wirkung eignet sich wunderbar für eine kurze Fastenkur mit frischen Säften, Kräutertee oder Molke.

Die Bereitschaft des Körpers, Wasser- und Fettreserven abzugeben, hat jetzt ihren Höhepunkt erreicht. Wenn Sie bei Neumond (plus einen Tag davor und einen Tag danach) fasten oder sich ausschließlich von ballaststoff- und vitaminreichen Säften ernähren, werden Sie nicht nur in Rekordtempo ein paar Pfunde verlieren. Sie entgiften und reinigen Ihren Körper außerdem auf eine sehr gesunde Weise. Denn je mehr Flüssigkeit Sie zu sich nehmen, desto mehr Giftstoffe kann der Körper über die Nieren ausscheiden.

Auch Ihre Haut profitiert von einem Fastentag: Die viele Flüssigkeit macht sie straff und prall, Vitamin C sorgt für elastisches Gewebe und Betacarotin schützt die Zellen vor Licht und Umwelteinflüssen.

Trinken Sie sich mit unseren abwechslungsreichen Rezepturen also fit, schlank und schön und genießen Sie das intensive Aroma frisch gemixter Obst- und Gemüsesäfte, »beeriger« Molkedrinks oder köstlicher Kräutertees.

In der darauffolgenden zunehmenden Mondphase können Sie Ihre Ernährung dann langsam wieder aufbauen: mit frischem Gemüse, Salaten und Früchten (siehe Seite 156ff).

FRISCHE SÄFTE: SCHÖNHEIT AUS DEM GLAS

Wenn Sie Vitamin C und Ballaststoffe tanken wollen, rangieren tropische Früchte wie Mangos, Melonen, Papaya, Kiwi und Bananen eindeutig an erster Stelle. Dann folgen gleich die Zitrusfrüchte (Orangen, Zitronen, Pampelmusen und Mandarinen). Aber auch alle Beerenfrüchte wie Himbeeren, Blaubeeren und Preiselbeeren enthalten viel Vitamin A und C sowie Ballaststoffe und Mineralstoffe. Auf der Hitliste der Gemüse für die Schönheit stehen Spinat, Rettich, Paprika, Brunnenkresse, Karotten und Chinakohl. Sie enthalten besonders viel Vitamin A und C sowie Ballaststoffe und Kalzium.
Die folgenden Saftrezepte sind jeweils für zwei Gläser berechnet.

Erdbeer-Maracuja-Saft

Power pur durch Vitamin C

3 reife Maracujas
4 reife Erdbeeren
150 ml frisch gepreßter Orangensaft
Eiswürfel
Mineralwasser

So wird's gemacht:
Die Maracujas halbieren, das Fruchtfleisch vorsichtig herauslöffeln und in einen Shaker geben. Die Erdbeeren waschen, entstielen und zerdrücken und Orangensaft dazugeben. Randvoll mit Eiswürfeln auffüllen. Kräftig durchschütteln und sofort in Gläser gießen. Bei Bedarf mit Mineralwasser strecken.

Mango-Birnen-Saft

Betacarotin schärft den Blick

1 reife Mango
150 ml frisch gepreßter Birnensaft
1 Kiwi
Eiswürfel
2 Stiele Minze

So wird's gemacht:
Die Mango schälen, das Fruchtfleisch vom Stein schneiden und in den Mixer geben. Birnensaft, Kiwi und zwei Eiswürfel hinzufügen und alles kurz pürieren. Einige Eiswürfel in die Gläser füllen und den Drink darüber gießen. Mit je einem Minzestiel garnieren.

Kokos-Papaya-Saft

Stärkt das Immunsystem mit Vitamin A und C

1 kleine Papaya
1 Nektarine
1 Grapefruit
1 Glas Mineralwasser
1 EL Kokosflocken

So wird's gemacht:
Die Papaya schälen, halbieren, den Kern herauslösen und in kleine Stücke schneiden. Nektarine waschen, halbieren, den Stein herauslösen und das Fruchtfleisch kleinschneiden. Die Grapefruit halbieren und auspressen. Fruchtstücke, Saft und Wasser in einen Mixer geben und pürieren. In Gläser füllen und mit Kokosflocken garnieren.

TRINKMOLKE FÜR IHR WOHLBEFINDEN

Trinkmolke wird seit alters her besonders wegen ihrer günstigen Wirkung auf die Verdauung geschätzt. Außerdem hat sie einen hohen Anteil an Mineralstoffen (Kalium, Kalzium und Phosphor), Vitaminen (Vitamine des B-Komplexes, A, E und D) und Spurenelementen. Molke enthält fast alle essentiellen Aminosäuren. Molke ist zudem fast fettfrei und enthält als wesentlichen Energieträger Lactose (Milchzucker).

Sie erhalten Molke in Pulverform in Reformhäusern und gut sortierten Supermärkten. Mit frischen Früchten oder Säften eignet sich Molke hervorragend zur Nahrungsergänzung bei Übergewicht und zur Entschlackung, hilft bei Magenübersäuerung und sorgt für eine gesunde Darmflora.

Banane-Brombeer-Molketrunk

Stärkend durch Lecithin und Mineralien

- *1 Tasse Brombeeren*
- *1 Banane*
- *1 EL Mandelmus*
- *1 Glas Molke*
- *1 Messerspitze Zimtpulver*
- *Mineralwasser*

SO WIRD'S GEMACHT:

Die Beeren waschen, trockentupfen und verlesen. Banane schälen und in Scheiben schneiden. Beeren, Banane, Mandelmus und Molke pürieren und in Gläser füllen. Mit Zimt bestäuben. Nach Bedarf mit Mineralwasser verdünnen.

Trinkmolke ist ein bewährtes Schönheitsmittel »von innen«

Apfel-Vanille-Molketrunk

Regt den Stoffwechsel an

- *6 Äpfel zum Entsaften*
  2 Pfirsiche
  1 Glas Molke
  1 Vanillestange

So wird's gemacht:

Die Äpfel schälen, entkernen und in den Entsafter geben. Pfirsiche waschen, entsteinen und in kleine Stücke schneiden. Die Vanilleschote aufschlitzen, das Mark herauskratzen und mit dem Apfelsaft, der Molke und den Pfirsichstücken in den Mixer geben. Alles gut durchmischen und in zwei Gläser füllen.

Zimt-Pflaume-Molketrunk

Ballaststoffe helfen der Verdauung

- *6 reife Pflaumen*
  2 weiche Birnen
  1 Glas Molke
  1 Becher Joghurt (probiotisch)
  1-2 EL Zitronensaft
  Zimtpulver

So wird's gemacht:

Die Pflaumen waschen, halbieren und entsteinen. Die Birnen ebenfalls waschen, halbieren und die Kerngehäuse herausschneiden. Pflaumen und Birnen entsaften und anschließend mit der Molke, dem Joghurt und dem Zitronensaft gut durchmixen. In Gläser füllen und mit Zimt bestäuben.

Cappuccino-Molketrunk

Macht müde Geister munter

- *1 Vanillestange*
  2 EL Espresso (vorgekocht, kalt)
  2 Gläser Molke
  1 EL Schokoraspel

So wird's gemacht:

Die Vanillestange aufschlitzen und das Mark herauskratzen. Zusammen mit dem Espresso und der Molke gut verrühren, in zwei große Gläser füllen und mit den Schokoraspeln garnieren.

Rucola-Rote-Bete-Molketrunk

Regt die Entgiftung an

- *1 Handvoll frischer Rucola*
  1 Knolle Rote Bete
  4 Tomaten
  3-4 EL Zitronensaft
  1 Glas Molke
  Muskatnuß

So wird's gemacht:

Den Rucola waschen, die Blätter von den Stielen zupfen und kleinhacken. Rote Bete schälen, halbieren und in Stücke schneiden. Die Tomaten waschen, die Stielansätze entfernen und die Früchte vierteln. Rote Bete, Tomatenstücke, Rucola, Zitronensaft und die Molke im Mixer gut durchmischen. In zwei Gläser füllen und mit Muskat abschmecken.

KRÄUTERTEES – GESUNDHEIT PUR

Früchte- und Kräutertees haben viele positive Auswirkungen auf Ihre Gesundheit. Sie regen den Stoffwechsel an, steigern die Abwehrkräfte und haben insgesamt eine belebende Wirkung auf Körper, Geist und Seele.

Früchte- und Kräutertees bereichern den täglichen Speiseplan und stellen eine optimale Ergänzung zu einer Fastenkur oder Reduktionsdiät dar. Sie versorgen uns mit den unterschiedlichsten Vitaminen und Mineralstoffen und sind in der Lage, unsere meist einseitige und säurehaltige Kost auszugleichen.

Darüber hinaus wirken sie, in der richtigen Kombination und in der jeweiligen Mondphase eingenommen, verstärkt entwässernd, aufbauend, vitalisierend oder ausgleichend und harmonisierend.

Neben den »klassischen« Früchtetees wie Apfel-, Hagebutten- und Johannisbeertee werden neuerdings Gewürztees mit Ingwer oder Gewürznelke immer beliebter.

MONDPHASEN-TEES

Ich möchte Ihnen vier Mondphasen-Tees vorstellen, die zum richtigen Zeitpunkt eingenommen, den Mondimpuls unterstützen. Die Tees werden ohne Zusatz von Aromastoffen hergestellt, und alle darin verwendeten Früchte und Kräuter stammen aus kontrolliert biologischem Anbau (Bezugsquellen siehe Anhang).

Bei Neumond: **Fastentee** unterstützt die ausscheidende und entgiftende Phase während einer Diät oder Fastenkur.

Bei zunehmendem Mond: **Vitamintee** baut auf und versorgt den Körper mit vielen Vitaminen.

Bei Vollmond: **Entspannungstee** gleicht aus, beruhigt und regeneriert.

Bei abnehmendem Mond: **Entwässerungstee** aktiviert die Abgabebereitschaft des Körpers, das Lymphsystem wird angeregt und beschleunigt den Abtransport gestauten Gewebswassers.

Früchte- und Kräutertees sind für eine kurze Fastenkur ideal

Brennessel-Rhabarber-Tee

Entschlackt und entwässert

Die Brennessel wächst zwar als Unkraut zwischen Schutt und Müll, gilt aber als eines der wirksamsten Entwässerungskräuter überhaupt. Man verwendet sowohl die Blätter wie auch die Wurzeln.

So wird's gemacht:
Frische Brennesselblätter sammeln (oder getrocknete Blätter aus der Apotheke), waschen und gut kleinschneiden. 1 TL zerkleinerte oder pulverisierte Rhabarberwurzel (aus der Apotheke) mit 1 EL zerkleinerten Brennesselblättern vermengen. Mit einerTasse kochendem Wasser übergießen, fünf Minuten ziehen lassen und durchseihen.

Brombeer-Erdbeer-Tee

Regt die Entgiftung im Körper an

Der wilde Brombeerstrauch wächst an Waldrändern und auf Lichtungen und hat sehr dornige Zweige. Der Tee, der aus den frischen oder getrockneten Blättern zubereitet wird, schmeckt nicht nur köstlich, sondern hat auch eine stark harntreibende und entgiftende Wirkung.

So wird's gemacht:
Frische oder getrocknete Brombeerblätter mit Erdbeer- und Waldmeisterblättern (gibt's auch in der Apotheke) mischen und 1 TL dieser Mischung mit einer Tasse kochendem Wasser überbrühen. 5 Minuten ziehen lassen, durchseihen und lauwarm trinken.

Löwenzahn-Birkenblätter-Tee

Blutreinigend und Stoffwechselaktivierend

Löwenzahn gilt als Unkraut. Er ist überall auf Wiesen und in Gärten zu finden, wo er sich rasch vermehrt. Nachdem er lange Zeit in Vergessenheit geraten war, wird er mittlerweile für medizinische und naturheilkundliche Zwecke angebaut.

So wird's gemacht:
Je 15 g Löwenzahnwurzel und -kraut, Brennessel- und Birkenblätter sowie Hagebuttenfrüchte vermischen und mit 1/4 l kochend heißem Wasser überbrühen. zehn Minuten zugedeckt ziehen lassen und durchseihen.

Ingwer-Ginseng-Tee

Kräftigt und stabilisiert

Ingwer kommt aus Indien und wird in der asiatischen Küche auch als Gewürz verwendet. Als Heiltee wirkt er bei Darmträgheit, allgemeinen Verdauungsproblemen und schwachem Magen.
Die Ginsengwurzel ist eine der ältesten chinesischen Heilpflanzen und wird als harmonisierendes und stärkendes Heilmittel in Tees eingesetzt.

So wird's gemacht:
Vermischen Sie 2 TL kleingeschnittene Ginsengwurzel mit 1 TL kleingeschnittener frischer Ingwerwurzel, füllen Sie die Mischung mit 1/4 l Wasser auf und lassen Sie alles zugedeckt zehn Minuten leise köcheln. Abseihen und mit Honig abschmecken.

Ernährung bei zunehmendem Mond

Während der zunehmenden Mondphase ist es sinnvoll, sich ganz besonders bewußt, das heißt fettarm und leicht zu ernähren. Was wir dem Körper jetzt zuführen – innerlich über die Ernährung und äußerlich über die Körper- und Schönheitspflege –, wird besonders gut aufgenommen und verwertet. Darum nehmen Sie in dieser Zeit auch leichter an Gewicht zu als während der Phase des abnehmenden Mondes. Für alle, die mit Gewichtsproblemen zu kämpfen haben, bedeutet das erhöhte Aufmerksamkeit, was Zucker, Fette (vor allem tierische) und Alkohol (eine Kalorienbombe) angeht.

Verzichten Sie jetzt also möglichst auf Süßigkeiten und fette Nahrungsmittel und weichen Sie auf vitaminreiche und nahrhafte Gemüse, Salate und Suppen aus. Bei der Auswahl der folgenden Rezepte habe ich ganz besonders auf eine kurze Dünst-, Koch- oder Garzeit geachtet, damit möglichst alle Vitamine, Mineralien und Spurenelemente erhalten bleiben und den Körper mit allem versorgen, was er benötigt.

Die fettarmen und leichten Gerichte auf den nächsten Seiten eignen sich nicht nur für die zunehmende Mondphase. Auch für die »Fettage«, in denen der Mond die Luftzeichen (Zwilling, Waage, Wassermann) durchwandert, sind diese Speisen besonders zu empfehlen.

MEIN TIP

Haben Sie schon einmal versucht, abends vor dem Fernseher statt Schokolade, Chips und schweren Desserts Rohkost mit köstlichem Joghurt-Käse-Dip zu naschen? Alle, die rohes Gemüse am Abend gut verdauen können, sollten das unbedingt ausprobieren. Schmeckt frisch, leicht, ist gesund und sättigt.

GEMÜSE, SUPPEN & SALATE: DAS POWER TRIO

Gemüse und Salate als Beilage oder als Hauptgericht oder Gemüse in Suppen und Eintöpfen – »Grünzeug« wertet jede Mahlzeit unter gesundheitlichen Aspekten enorm auf. Ob Wurzeln, Stengel, Blätter oder Früchte, Pflanzen enthalten, roh oder schonend gegart, beinahe alle lebensnotwendigen Vitamine und Mineralstoffe.

Die Vielfalt an klassischen Gemüsen und Salaten ist enorm und ihre Zubereitung relativ einfach. Halten Sie sich bei der Wahl Ihres Gemüses möglichst an den »Jahreszeitenkalender«, denn Gemüse, die »Saison« haben und in Ihrer Region wachsen, enthalten bedeutend mehr wertvolle Nähr- und Inhaltsstoffe als solche, die lange Transportwege hinter sich haben und womöglich noch nachreifen mußten.

Gemüse und Salate sollten so frisch wie möglich verarbeitet und gegessen werden. Langes Lagern und langes Kochen vermindert die Qualität und den Vitamingehalt drastisch. Und das schlägt sich nicht nur im Geschmack, sondern auch in der Optik nieder.

Auf der folgenden Seite stellen wir Ihnen vielseitige Gerichte mit viel Gemüse vor. Alle Gerichte sind für zwei Personen berechnet.

KNACKEN SIE IHR GEMÜSE

Rohkost mit Käse-Dip

Vitamine C, A und E helfen Fett abbauen

- *4 Karotten*
  1 Rettich
  1 Kohlrabi
  1 kleiner Blumenkohl
  2 grüne Paprikaschoten
  1 rote Paprikaschote
  1/2 Salatgurke
  6 Radieschen
  1 Bund Frühlingszwiebeln
  250 g Schafkäse
- *1 Bund Petersilie (oder Koriander)*
  1 Becher Joghurt
  1 TL mittelscharfer Senf
  1 EL Zitronensaft
  2 EL Olivenöl
  1 Knoblauchzehe
  1 Schalotte
  Salz, Pfeffer

SO WIRD'S GEMACHT:

Alle Gemüse waschen. Karotten und Rettich schälen und mit dem Kohlrabi in schmale Stifte schneiden. Blumenkohl mundgerecht zerteilen. Die Paprikaschoten halbieren, die Kerngehäuse entfernen und die Schoten in schmale Streifen schneiden. Die Salatgurke schälen, halbieren und in dünne Stifte schneiden. Radieschen in Scheiben schneiden. Frühlingszwiebeln putzen und in feine Ringe schneiden.

Die Petersilie waschen, trockenschütteln und die Blätter von den Stielen zupfen. Den Schafkäse klein würfeln.

Für den Dip Joghurt mit Senf, Zitronensaft und Olivenöl vermengen. Knoblauch und Schalotte schälen und mit der Knoblauchpresse direkt in den Dip pressen. Petersilie (oder Koriander) zugeben, mit Pfeffer und Salz abschmecken und alles mit dem Mixer pürieren.

Die Gemüse anrichten, den Dip in Schälchen dazustellen.

Blumenkohl mit Curry und Safran

Vitamin B6 ist gut für Haut und Haare

- *1 großer Blumenkohl*
- *2 Schalotten*
- *1 Knoblauchzehe*
- *2 EL Sonnenblumenöl*
- *1 Bund Koriandergrün*
- *1 TL Currypulver*
- *1 Prise gemahlener Safran*
- *1 getrocknete Pfefferschote*
- *Pfeffer, Salz*
- *1 Glas Reiswein (oder Gemüsebrühe)*
- *1 Becher Magerjoghurt*

So wird's gemacht:

Den Blumenkohl putzen, waschen und in kleine Röschen teilen. Schalotten und Knoblauch schälen und in Würfel schneiden. Das Öl im Wok (oder in einer hochwandigen Pfanne) erhitzen und die Schalotten und den Knoblauch darin glasig braten.

Währenddessen Koriandergrün waschen, Blätter von den Stielen zupfen und kleinhacken. Zur Garnierung einige Blättchen beiseite legen.

Alle Gewürze und den kleingehackten Koriander zu dem Schalotten-Knoblauch-Gemisch geben und kurz dünsten. Die Blumenkohlröschen hinzufügen, salzen und unter ständigem Rühren bei mittlerer Hitze fünf Minuten anrösten. Mit Reiswein oder Gemüsebrühe ablöschen und zugedeckt bei ganz schwacher Hitze in zehn Minuten gar dünsten. Magerjoghurt unter das Gemüse mischen. Mit dem restlichen Koriandergrün bestreuen und servieren.

Linsen in Ingwer und Sesam

Vitamin B1 kurbelt den Stoffwechsel an

- *150 g rote Linsen*
- *1 Karotte*
- *1 Bund Frühlingszwiebeln*
- *200 g Chinakohl*
- *1 EL Sesamöl*
- *2 Knoblauchzehen*
- *1 daumengroßes Stück Ingwer*
- *helle Sojasauce*
- *1/2 Tasse Sesamsamen*
- *1 Lorbeerblatt*

So wird's gemacht:

Die Linsen am Vortag in Wasser einweichen und quellen lassen. Karotte und Frühlingszwiebeln waschen, putzen und in feine Streifen schneiden. Den Chinakohl waschen, abtrocknen und ebenfalls in feine Streifen schneiden. Das Öl im Wok oder in einer hochwandigen Pfanne erhitzen. Knoblauch und Ingwer schälen, kleinhacken und im Öl kurz anbraten. Die Frühlingszwiebeln, das Lorbeerblatt und die Karotte dazugeben und zwei bis drei Minuten mitbraten. Den kleingeschnittenen Kohl dazugeben und drei Minuten rühren (der Kohl sollte nicht ganz zusammenfallen). Zum Schluß die eingeweichten Linsen unterrühren, die Sojasauce dazugeben und alles kurz dünsten. Das Lorbeerblatt herausnehmen, auf Tellern anrichten und mit Sesamsamen bestreuen.

Scharfes Gemüse mit Chilischote und Nüssen

Vitamin A und Biotin für die Zellerneuerung

- *1 große Aubergine*
- *1 Zwiebel*
- *1 rote Paprikaschote*
- *1 grüne Paprikaschote*
- *2 Knoblauchzehen*
- *1 rote Chilischote*
- *2 EL Nußöl*
- *2 EL Sonnenblumenöl*
- *4 Tomaten*
- *1 Tasse Gemüsebrühe*
- *2 EL Cashewkerne*
- *2 EL süße Sojasauce*
- *Salz, Pfeffer*
- *Chiliöl*

So wird's gemacht:

Die Aubergine waschen, abtrocknen und in feine Streifen schneiden. Zwiebel schälen und in Ringe schneiden. Paprikaschoten waschen, halbieren, von den Kerngehäusen befreien und in dünne Streifen schneiden. Knoblauch schälen und fein hacken. Chilischote waschen und in Ringe schneiden. Tomaten waschen und ohne die Stielansätze würfeln. Je 1 EL Öl im Wok erhitzen und die Chiliringe, Knoblauch und die Auberginenstreifen bei mittlerer Hitze anbraten. Mit der Gemüsebrühe aufgießen und zugedeckt zehn Minuten leise köcheln lassen. Die Zwiebelringe, gewürfelte Tomaten, Paprikastreifen, Nüsse und die Sojasauce zugeben und weitere fünf Minuten dünsten. Das Gemüse mit Salz und Pfeffer abschmecken und mit Chiliöl beträufeln.

RAFFINIERTE SALATE

Bunte Salate mit Garnelen und Aioli

Vitamine D, E und B2 für Nägel und Haare

- *1 Bund Rucola*
  2 Handvoll Feldsalat
  1 kleiner Kopf Eichblattsalat
  1 kleiner Kopf Lollo Rosso
  1 Bund Frühlingszwiebeln
  8 Cocktailgarnelen
  1 rote Peperoni

- *1 Glas frisch gepreßten Orangensaft*
  4 EL Himbeer- oder Sherryessig
  1 Prise Zucker
  4 EL Olivenöl
  Salz, Pfeffer
  1 Becher fettarmer Joghurt
  2 Knoblauchzehen
  2 EL Salatmayonnaise (50 % Fett)

So wird's gemacht:

Die Salate waschen, trockenschleudern und in mundgerechte Stücke zupfen. Die Zwiebeln putzen, waschen und halbieren. Die Garnelen in einem Sieb kalt abspülen. Pepperoni längs halbieren, entkernen, waschen und zur Hälfte fein würfeln.

Für die Salatsauce den Orangensaft, Essig, Peperoni, Zucker und Olivenöl in einer kleinen Schüssel verrühren. Mit Salz und Pfeffer abschmecken.

Zwiebeln und Garnelen mit den Salaten mischen, die Marinade über den Salat geben, alles gut vermengen und auf den Tellern anrichten.

Für die Aioli die Mayonnaise mit dem Joghurt verrühren. Knoblauch schälen, quetschen und dazugeben. Mit Salz und Pfeffer abschmecken und zum Salat servieren.

Radicchiosalat mit Huhn und Sesam

Vitamin B12 stärkt das Bindegewebe

- *2 Hähnchenfilets*
  1/2 l Gemüsebrühe
  1 EL Reisessig
  1 walnußgroßes Stück Ingwer
  1 Knoblauchzehe
  2 Stengel Zitronengras (Asienladen)
  1 EL schwarze Pfefferkörner
- *4-5 EL Sesampaste (Asienladen)*
  2 EL fettarmer Joghurt
  11 EL Limettensaft
  Sambal Oelek (Asienladen)
  Salz, Cayennepfeffer
  1 EL Honig
  2 EL Sesamsamen
- *2 Köpfe roter Radicchio*
  1 Kopf weißer Radicchio
  1 Bund Koriandergrün
  1 EL Sesamöl
  2 EL Sonnenblumenöl
  1 TL Honig
  1 grüne Peperoni

SO WIRD'S GEMACHT:

Die beiden Hähnchenfilets waschen, trockentupfen und längs halbieren. In einem flachen Topf 400 ml Gemüsebrühe mit dem Reisessig aufkochen lassen. Ingwer und Knoblauch schälen und in dünne Scheiben schneiden. Zitronengras waschen und in dünne Ringe schneiden. Zusammen mit dem Ingwer, dem Knoblauch, den Pfefferkörnern und den Hähnchenfilets in die Brühe geben und bei schwacher Hitze zugedeckt 20 Minuten garen. Das Fleisch aus dem Sud nehmen und zur Seite stellen.

Sesampaste, Joghurt, restliche Brühe und 3 EL Limettensaft pürieren. 1 TL Sambal Oelek, Salz, Cayennepfeffer und Honig unterheben und in eine kleine Schüssel füllen. Sesamsamen ohne Fett in einer beschichteten Pfanne anrösten und beiseite stellen.

Radicchio putzen, waschen, trockenschleudern und in feine Streifen schneiden. Koriandergrün waschen, trockenschütteln und die Blättchen abzupfen.

Für die Salatsauce die restlichen 8 EL Limettensaft, Sesam- und Sonnenblumenöl sowie eine Messerspitze Sambal Oelek verrühren und mit Salz, Cayennepfeffer und 1 TL Honig abschmecken. Bis auf 4 EL die Marinade über den Radicchio geben. Den Salat auf einer Platte anrichten.

Die Hähnchenfilets in feine Streifen schneiden. Peperoni der Länge nach halbieren, die Kerne entfernen, waschen und quer in dünne Scheiben schneiden. Mit dem Hähnchenfleisch und der restlichen Marinade mischen und den Koriander unterheben. Alles auf dem Radicchiosalat anrichten und mit den gerösteten Sesamsamen bestreuen. Den Sesam-Dip zum Salat reichen.

Kressesalat mit Kiwi und Orange

Vitamin C stärkt die Abwehr

- *200 g Brunnenkresse*
- *1 Friséesalat*
- *2 Orangen*
- *2 Kiwi*
- *1 Avocado*
- *3 EL frisch gepreßter Orangensaft*
- *1 TL Aprikosenkonfitüre*
- *1 EL Zitronensaft*
- *1 TL Honig*
- *2 EL Sonnenblumenöl*
- *Salz, Cayennepfeffer*
- *Ingwer (gemahlen)*
- *1 Kästchen Kresse*

So wird's gemacht:

Die Brunnenkresse putzen, waschen und trockenschleudern. Friséesalat vom Strunk befreien, die ganzen Blätter waschen und trockenschleudern. Orangen dick abschälen (bis die weiße Haut vollständig entfernt ist) und das Fruchtfleisch quer in Scheiben schneiden. Die Kiwis schälen und längs achteln. Avocado schälen, halbieren, den Kern herauslösen und das Fleisch längs in schmale Streifen schneiden.

Den Orangensaft mit der Konfitüre, dem Zitronensaft, dem Honig und dem Öl mischen und mit Salz, Cayennepfeffer und Ingwer abschmecken.

Salatblätter auf einer Platte anrichten, Brunnenkresse, Orangen-, Kiwi- und Avocadoscheiben dazugeben und mit der Marinade beträufeln. Kresse vom Beet schneiden und als Garnierung darüber streuen.

Kräutersalat mit Ziegenkäse

Vitamin K und E entgiften und entschlacken

- *200 g Sauerampfer*
- *1 Bund Petersilie*
- *2 Bund Kerbel*
- *1 Gemüsezwiebel*
- *2 kleine Ziegenkäse (etwa 50 g)*
- *2 EL Sonnenblumenöl*
- *2 EL Zitronensaft*
- *2 EL saure Sahne*
- *1 EL Kapern*
- *Salz, Pfeffer*

So wird's gemacht:

Sauerampfer putzen, waschen, trockenschleudern und kleinschneiden. Petersilie und Kerbel waschen, trockenschütteln und die Blättchen abzupfen. Zwiebel schälen und in feine Ringe schneiden.
Mit 1 TL Salz bestreuen und ziehen lassen. Den Ziegenkäse in kleine Würfel schneiden.
Für das Dressing das Öl mit dem Zitronensaft, der sauren Sahne und den Kapern mischen und mit Salz und Pfeffer abschmecken. Die Zwiebelringe kalt abspülen und abtropfen lassen. Sauerampfer und Kräuter mit der Zwiebel und dem Dressing vermengen, anrichten und den gewürfelten Ziegenkäse über dem Salat verteilen.

LÖFFEL FÜR LÖFFEL SUPPENGENUSS

Karottencremesuppe mit Koriander

Vitamin A für Augen, Haut und Haare

- *500 g Karotten*
- *1 Schalotte*
- *1/2 l Gemüsebrühe*
- *Salz, Pfeffer, 1 Prise brauner Zucker*
- *1/2 Bund Koriandergrün*
- *4 EL saure Sahne (10 % Fett)*
- *2 EL Kürbiskerne*
- *2 TL Kürbiskernöl*

So wird's gemacht:

Die Karotten putzen, schälen und würfeln. Schalotte schälen und kleinhacken. Brühe mit den Karotten und den Schalotten in einem Topf zum Kochen bringen. Mit Salz, Pfeffer und Zucker abschmecken und zugedeckt bei schwacher Hitze 10-15 Minuten garen. Inzwischen Koriandergrün waschen, trockentupfen und die Blättchen hacken.
Im Topf pürieren und nochmal kurz aufkochen. Saure Sahne einrühren und mit Salz und Pfeffer abschmecken. Auf die Teller geben und mit je 1 EL Kürbiskernen, 1 TL Kürbiskernöl und 1 EL Koriandergrün garnieren.

Kürbissuppe mit Ingwer enthält viel Vitamin A und stärkt die Abwehr

Kürbissuppe mit Ingwer

Vitamin A ist gut für Zellen und Abwehr

- *1 kleiner, gelber Kürbis (Potimarron)*
  2 Scheiben frischer Ingwer
  2 Gewürznelken
  1/2 l fettarme Milch
  1 Becher Joghurt
  Salz, Pfeffer
  1 Bund Schnittlauch
  Muskat

So wird's gemacht:

Den Kürbis halbieren und die Kerne entfernen (aufheben und trocknen!). Das Fruchtfleisch herauslösen und würfeln.

Ingwer und Nelken in einem kleinen Stück Gaze zu einem Säckchen zusammenbinden. Die Milch mit dem Kürbisfleisch, dem Gazesäckchen und einer Prise Salz in einem hohen Topf füllen und bei schwacher Hitze 30 Minuten zugedeckt köcheln lassen. Dabei mehrmals umrühren.

Das Gewürzsäckchen entfernen und den Topfinhalt pürieren, bis eine sämige Suppe entsteht. Mit Muskat, Pfeffer und Salz abschmecken und die Suppe in eine Terrine füllen. Den Joghurt in die Mitte gießen und mit dem Schnittlauch garnieren.

Tomatensuppe mit Lavendelblüten

Vitamin B12 stärkt das Bindegewebe

- *500 g Tomaten*
  1 Zwiebel
  1 EL Olivenöl
  1 Knoblauchzehe
  1/2 l Gemüsebrühe
  Salz, Pfeffer
  1 Prise getrocknete, zerriebene Chilischote
  3 Lavendelzweige mit Blüten (frisch oder getrocknet)

So wird's gemacht:

Tomaten waschen, abtrocknen, halbieren und grob würfeln, dabei die Stielansätze herausschneiden (Sie können die Tomaten vor dem Kleinschneiden auch kurz überbrühen und enthäuten; allerdings befinden sich direkt unter der Haut die meisten Nährstoffe, daher nicht unbedingt zu empfehlen). Zwiebel schälen und klein würfeln. Öl in einem Topf erhitzen und die Zwiebel darin glasig dünsten. Knoblauch schälen und dazupressen. Zuerst die gewürfelten Tomaten einrühren, dann die Brühe zugeben und mit Salz, Pfeffer und Chili würzen. Lavendel, falls nötig, waschen und abtrocknen. Blättchen von einem Zweig hacken und dazugeben. Die Suppe zugedeckt bei schwacher Hitze 15 Minuten köcheln lassen, dann mit Salz und Pfeffer herzhaft abschmecken. In die Teller füllen und mit Lavendelblüten dekorieren.

Ernährung bei Vollmond

Zu keiner anderen Zeit sind die Kräfte und Impulse der Mondphasen so deutlich zu spüren wie während des Vollmonds. Für die Ernährung bedeutet dies allerhöchste Alarmbereitschaft, was Süßes, Fettes und Salziges betrifft. Jetzt ist die Hochphase der Verwertung, der Körper nimmt alle ihm zugeführten Stoffe besser auf als sonst – ernähren wir uns zu schwer, setzt der Körper leichter Fett an.

Auch Wasser lagert sich schneller im Gewebe ein und macht das Bindegewebe weich. Wenn Sie zu den Menschen gehören, die ohnehin leicht Wasser sammeln, sollten Sie versuchen, während der Vollmondphase ganz auf Salz zu verzichten.

Die Wirkung des Vollmonds auf uns Menschen beginnt bereits zwei Tage vorher und hält bis zu zwei Tage nach der Vollmondphase an. Ein Fasten- oder Safttag in dieser Zeit ist daher sinnvoll.

Damit Sie diese romantische Zeit aber dennoch mit Muße genießen können, habe ich für Sie drei Menüs zusammengestellt, die leicht sind, reich an wichtigen Nährstoffen und dazu auch noch köstlich schmecken.

Vergessen Sie nicht: Bei Vollmond zählt die Qualität, nicht die Quantität. Essen Sie kleinere Portionen als sonst, dafür aber ausgesuchter und hochwertiger, und nehmen Sie sich ausreichend Zeit sowohl für die Zubereitung als auch für den Verzehr der Speisen.

Genießen Sie Ihr Vollmond-Menü »zum richtigen Zeitpunkt« mit allen Sinnen, und entwickeln Sie eigene phantasievolle Romantik-Menüs; Ihrer Kreativität sind keine Grenzen gesetzt.

MENÜS FÜR ROMANTISCHE STUNDEN

Bei der Zusammenstellung eines Menüs sollten alle Gänge aufeinander abgestimmt sein. Servieren Sie immer zuerst die leichteren Gerichte (Suppe, Salat oder Gemüsesnacks) mit wenig aufdringlichen Aromen. Dann kann ein komplexerer Hauptgang folgen, die Aromen können aufeinander aufbauen und sich im Laufe der Mahlzeit entwickeln.

Hier noch ein paar Tips, damit Ihnen Ihr Vollmond-Menü auch wirklich gut gelingt:

1. Die Teller für warme Gerichte vor dem Servieren immer im Ofen bei etwa 50 Grad Celsius anwärmen. Servieren Sie hingegen Eiscreme oder Sorbets, sollte das Geschirr gekühlt werden.

2. Wechseln Sie die Gläser, wenn Sie verschiedene Weine servieren. Rückstände des vorherigen Weins können das Aroma verändern.

3. Stellen Sie genügend Mineralwasser auf den Tisch.

4. Decken Sie einen phantasievollen Tisch mit Kerzen, frischen Blumen, hübschen Servietten und Ihrem schönsten Geschirr. Denken Sie daran – das Auge ißt mit!

5. Wählen Sie bei Ihrer Menü-Planung Gerichte aus, die Sie gut vorbereiten können. So bleibt Ihnen genügend Zeit, in Ruhe den Tisch zu decken, zu duschen, sich anzukleiden und vor allem sich Ihren Gästen zu widmen.

Bei Vollmond geht's romantisch zu: Feiern Sie diese Mondphase mit einem schönen Essen

WÜRZIGES AUS ASIEN

(Menü für 4 Personen)

1. Gang: Vorspeise

Nudeln in süßer Currysauce

- *2 EL ÖL*
- *3 Knoblauchzehen (gehackt)*
- *3 Schalotten (gehackt)*
- *1 l Kokosmilch (Dose)*
- *2 EL Currypulver*
- *1 EL rote Currypaste*
- *125 ml Fischsauce*
- *60 g Zucker*
- *1/2 TL Kurkuma*
- *1 EL Limettensaft*
- *200 g frische, dünne Eiernudeln*
- *1 Frühlingszwiebel, gehackt*
- *1 EL Korianderblätter, gehackt*

SO WIRD'S GEMACHT:

Das Öl in einen großen Topf geben und erhitzen. Knoblauch und Schalotten in dem heißen Öl eine halbe Minute unter Rühren braten. Kokosmilch, Curry und Currypaste hinzufügen, zum Kochen bringen und bei mittlerer Hitze 30 Minuten köcheln lassen. Fischsauce, Zucker, Kurkuma und Limettensaft unterrühren und weitere zehn Minuten köcheln lassen.

Die frischen Nudeln eine Minute in sprudelndem Wasser kochen, durch ein Sieb gießen und in eine Servierschüssel geben. Die Currymischung über die Nudeln gießen und mit der Frühlingszwiebel und den Korianderblättern bestreuen.

2. Gang: Zwischengericht

Garnelensalat mit Zitronengras

- *1/2 l Wasser*
- *500 g Garnelen (ohne Schale und Darm)*
- *2 Stengel Zitronengras (in feine Ringe geschnitten)*
- *4 Blätter von Kaffir (Zitronenblätter in feine Streifen geschnitten)*
- *4 EL Minzeblätter*
- *2 EL gehackte Frühlingszwiebeln*
- *1 EL Korianderblätter, gehackt*
- *1 TL gemahlene thailändische Chilis*
- *60 ml Fischsauce*
- *60 ml Limettensaft*

SO WIRD'S GEMACHT:

Das Wasser in einem großen Topf zum Kochen bringen, die Garnelen hineingeben und 1/2 Minute garen. Das Wasser abgießen und die Garnelen in eine Schüssel geben. Zitronengras, Kaffir, Minzeblätter, Frühlingszwiebeln und Korianderblätter untermischen und mit dem gemahlenen Chili würzen. Nun die Fischsauce und den Limettensaft darübergießen und alles vorsichtig durchmengen.

MEIN TI

Koriander – Verführerisc
Würze aus Fern
Ich bin ein absoluter Koriand
Fan und habe mir angewöhnt, au
herkömmliche Gerichte wie Rühr
Spaghetti oder Eintöpfe statt n
Petersilie mit frischem Koriand
zu würzen. Schmeckt fantastis
ist sehr gesund und g
den Gerichten eine raf
nierte No

3. Gang: Hauptspeise

Hühnerfleisch mit Ingwer

- *4 EL Öl*
- *600 g Hühnerbrust (in Streifen geschnitten)*
- *3 Knoblauchzehen (gehackt)*
- *4 EL Fischsauce*
- *2 EL Austernsauce*
- *2 EL Zucker*
- *4 EL feingeschnittene Ingwerwurzel*
- *4 grüne Paprikaschoten (gewaschen, geputzt und in feine Streifen geschnitten)*
- *4 rote Paprikaschoten (gewaschen, geputzt und in feine Streifen geschnitten)*
- *200 g Champignons (in Scheiben geschnitten)*
- *2 Zwiebeln (in Streifen geschnitten)*

So wird's gemacht:

Öl in einem Wok erhitzen und das Hühnerfleisch mit dem Knoblauch darin anbraten. Alle übrigen Zutaten hinzufügen und unter Rühren drei Minuten braten. Auf einer Platte anrichten und mit Korianderblättern garnieren.

Beilage:

Gedämpfter Duftreis

- *500 g Duftreis*
- *1 l Wasser*

So wird's gemacht:

Den Reis unter kaltem Wasser abspülen, bis das Wasser klar bleibt. Gut abtropfen lassen, mit dem Wasser in einen hohen Topf geben und bei starker Hitze zum Kochen bringen. Den Reis drei Minuten kochen lassen, dann zugedeckt bei mittlerer Hitze zehn Minuten dämpfen. Zum Schluß bei kleinster Hitze weitere zehn Minuten ziehen lassen.

Hühnerfleisch mit Ingwer – unsere asiatische Hauptspeise

3. Gang: Hauptspeise

Chili-Burger

- *120 g gekochte rote Kidneybohnen*
  60 g gekochte schwarze Bohnen
  1 TL Cayennepfeffer
  1/2 TL gemahlener Kreuzkümmel
  Salz, Pfeffer
  1/2 feingeschnittene grüne Chilischote
  1 verquirltes Ei
  100 g grob zerkleinerte Tortilla-Chips
  3 EL Maisöl
  2 Vollkornbrötchen
  Salatblätter
  Chili-Joghurt (Rezept siehe rechts)
  eingelegte Jalapeno-Chilies

SO WIRD'S GEMACHT:

Die Bohnen mit den Gewürzen, Salz, Pfeffer und Chilischote gut vermischen, dabei aber die Bohnen nicht pürieren. Die Masse teilen und zwei Burger formen. Die Burger in das Ei tunken und in den grob zerkleinerten Tortilla-Chips wälzen. Mindestens eine Stunde lang kalt stellen.

Öl in einer Pfanne erhitzen und die Burger bei schwacher Hitze fünf Minuten auf jeder Seite goldbraun braten. Die Vollkornbrötchen leicht toasten. Salatblätter auf je einer Brötchenhälfte verteilen, die Burger daraufgeben, mit einem Löffel Chili-Joghurt überziehen und die zweite Brötchenhälfte daraufsetzen. Mit Jalapeno-Chilies sofort servieren.

Chili-Joghurt

- *1 Becher Magerjoghurt*
  1/2 rote Chilischote (entkernt und kleingehackt)
  1/2 grüne Chilischote (entkernt und kleingehackt)
  1 TL Chilisauce
  Salz, Pfeffer, 1 Prise Zucker
  1 TL Olivenöl
  1/2 TL Dijon-Senf

SO WIRD'S GEMACHT:

Alle Zutaten in eine Schüssel geben und pürieren. Gut zugedeckt mindestens zwei Stunden kalt stellen.

4. Gang: Dessert

Birnen mit Schokoladensauce

- *2 Birnen*
- *1 TL Zitronensaft*
- *60 ml Wasser*
- *2 TL brauner Zucker*
- *75 g Zucker*
- *1 TL Honig*
- *60 ml fettarme Milch*
- *10 g ungesüßter, echter Kakao*
- *1 Vanilleschote (ausgekratzt)*
- *1 TL Weizenmehl*

So wird's gemacht:

Den Backofen auf 180 Grad vorheizen. Die Birnen dünn schälen, halbieren, von den Kerngehäusen befreien und mit der Wölbung nach oben in eine feuerfeste Form geben. Mit dem Zitronensaft beträufeln. Wasser, braunen Zucker und Honig in eine Schüssel geben und pürieren. Flüssigkeit über die Birnenhälften träufeln, die Form mit Alufolie bedecken und im Ofen 20-25 Minuten überbacken. Form herausnehmen, Birnen auf eine Platte legen und abgedeckt eine Stunde kühl stellen.

Vor dem Servieren die Birnen mehrfach längs mit einem Messer 2 cm tief einschneiden, so daß ein schönes Muster entsteht.

Für die Schokoladensauce Zucker, Milch, Kakao, Vanillemark in einem kleinen Topf verrühren. Das Mehl mit dem Schneebesen unterschlagen und die Sauce unter ständigem Rühren bei schwacher Hitze fünf Minuten dicklich einkochen lassen. Birnenhälften auf zwei Teller verteilen und mit der Schokoladensauce überziehen.

Ernährung bei abnehmendem Mond

»Gott sei Dank – endlich wieder abnehmender Mond«, werden jetzt einige von Ihnen aufatmen. Tatsächlich können Sie die Kraft des abnehmenden Mondes deutlich spüren: Hungergefühl oder Gelüste auf Süßigkeiten oder fettes, schweres Essen stellen sich kaum ein. Sie essen insgesamt weniger und Ihr Gewicht hält sich bzw. reduziert sich sogar um ein bis zwei Pfund, auch ohne große Einschränkungen. Die Verdauung funktioniert gut und der Körper lagert nicht so leicht Wasser ein. Allgemein regenerieren und erholen Sie sich schneller als zu anderen Zeiten. Unter dem Einfluß des abnehmenden Mondes entgiftet und entwässert der Körper leichter. Durch entsprechende Nahrungsmittel wie Reis, Kartoffeln, bestimmte Gemüse und Kräuter können Sie die entschlackende und ausspülende Wirkung dieser Mondphase deutlich verstärken. Je mehr sich der abnehmende Mond zum Neumond formt, um so intensiver schlägt sich sein reinigender Einfluß nieder, der während des Neumonds seinen Höhepunkt erreicht.

ENTSCHLACKEN DURCH KOHLENHYDRATE

Kohlenhydrat- und ballaststoffreiche Nahrung regt die Darmtätigkeit an und verhindert das Einlagern von Abbau- und Abfallprodukten (Schlacken). Bestimmte Vitamine, die in Gemüsen und Kräutern wie Spargel, Artischocken, Brennessel, Kürbis, Löwenzahn und Petersilie enthalten sind, fördern zusätzlich die Ausscheidung über Leber, Galle, Nieren und Blase.

Kartoffeln (mit Schale), Vollkornreis und -nudeln zählen zu den besten Kohlenhydratlieferanten überhaupt und sind in Kombination mit frischem Gemüse eine köstliche Energiequelle für den Körper. Bringen Sie Ihren Stoffwechsel in Gang und entgiften Sie Ihren Körper auf natürliche Weise, indem Sie die entsprechenden Gemüse und Kräuter mit »entwässernden« Kohlenhydraten kombinieren. Der Erfolg stellt sich schnell ein – Sie fühlen sich rundum wohl, schlanker und topfit.

Die Zutaten der folgenden Rezepte sind für zwei Personen berechnet.

RAN AN DIE KARTOFFELN

Bratkartoffeln mit Kräuter-Dip

Blutreinigend und entwässernd

- *500 g kleine, festkochende Kartoffeln*
  3 Zweige Rosmarin oder
  1/2 der Gewürzmischung vom Korianderjoghurt
  3 Schalotten
  1 EL Olivenöl
  Salz, Pfeffer

SO WIRD'S GEMACHT:

Die Kartoffeln gründlich unter warmem Wasser abbürsten. Schalotten schälen und in feine Ringe schneiden.

Olivenöl in einer großen Pfanne erhitzen, die noch tropfnassen Kartoffeln und die Schalotten zugeben, mit Salz und Pfeffer würzen.

Je nach Dip den Rosmarin kleinhacken und untermischen (a) oder 3/4 der Koriander-Gewürzmischung (b) wie beschrieben untermischen. Zugedeckt gut 30 Minuten schmoren lassen. Während der Bratzeit die Pfanne mehrmals rütteln.

a) Kresse-Knoblauch-Dip

- *2 Knoblauchzehen*
  100 g Gartenkresse
  200 g Magerquark
  1 EL Zitronensaft
  Salz, Pfeffer

SO WIRD'S GEMACHT:

Den Knoblauch schälen und durch die Presse drücken. Die Kresse waschen, trockenschütteln und bis auf einige Blättchen kleinhacken. Quark mit Zitronensaft und der Kresse vermengen und mit Pfeffer und Salz abschmecken.

b) Koriander-Joghurt-Dip

- *je 1 TL gemahlener Koriander, Kreuzkümmel*
  je 1/2 TL gemahlener Kardamom, Ingwer
  je 1 Msp. gemahlener Piment, Zimt, Muskatnuß und Kurkuma
  2 Tomaten
  1/2 Bund Koriandergrün
  1 Becher Magerjoghurt
  Salz, Pfeffer

SO WIRD'S GEMACHT:

Alle Gewürze miteinander vermengen. Die Tomaten waschen, halbieren, von den Stielansätzen befreien und sehr klein würfeln. Frischen Koriander waschen, trockenschütteln und sehr klein hacken. Den Joghurt mit 1/4 der Gewürzmischung, den Tomatenstückchen und dem Koriandergrün verrühren und mit Salz und Pfeffer abschmecken.

Den Dip für mindestens 1/2 Stunde kalt stellen. Die Kartoffeln wie oben beschrieben vorbereiten und mit den Schalotten zehn Minuten im heißen Öl anbraten. Die restliche Gewürzmischung zugeben und weitere zehn Minuten braten, bis sie goldbraun sind. Mit Salz und Pfeffer würzen und zur Joghurt-Sauce reichen.

Gefüllte Ananas mit Huhn auf Reis

Regt Stoffwechsel und Entwässerung an

- *1 frische Ananas*
  3 EL Öl
  250 g Hühnerfleisch, in Würfel geschnitten
  60 ml Fischsauce
  60 g brauner Zucker
  500 ml Kokosmilch (Dose)
  1/4 TL frisch gemahlener Pfeffer
  5 EL gehacktes Koriandergrün
  150 g geröstete Cashew-Nüsse
- *Beilage:*
  100 g gedämpfter Duftreis (Rezept siehe Seite 171)

So wird's gemacht:

Die Ananas längs halbieren und das Fruchtfleisch herauslösen, so daß später der Reis in die beiden Ananas-Hälften gefüllt werden kann. Fruchtfleisch im Mixer zerkleinern und zur Seite stellen.

Öl in einer großen Pfanne erhitzen und das Hühnerfleisch darin braten, bis es gar ist. Fischsauce, Zucker, Kokosmilch, Pfeffer und 4 EL Koriandergrün hinzufügen und erhitzen, bis die Flüssigkeit aufschäumt.

Nüsse, Ananas, restlichen Koriander und Reis hinzufügen, die Pfanne von der Kochstelle nehmen und alles gründlich durchmengen. Backofen auf 180 Grad vorheizen. Die Reismischung in die Ananas-Hälften füllen, in eine feuerfeste Form legen, mit einer Folie abdecken und etwa 15 Minuten im Ofen erhitzen. Heiß servieren.

Löwenzahnsalat mit Kürbiskernen

Regt den Stoffwechsel an

- *200 g Löwenzahnblätter oder Rucola*
  100 g kleine Kirschtomaten
  1 Schalotte
  1 kleine Knoblauchzehe
  2 EL Zitronensaft
  Salz, weißer Pfeffer
  3 EL Distelöl
  2 EL Kürbiskerne

So wird's gemacht:

Löwenzahn waschen, verlesen und gründlich trockenschleudern. Kirschtomaten waschen und halbieren.

Schalotte und Knoblauch schälen und hacken, mit dem Zitronensaft, Salz und Pfeffer verquirlen und das Öl mit einem Schneebesen kräftig unterschlagen. Kürbiskerne in einer beschichteten Pfanne ohne Fett rösten.

Löwenzahn und Tomaten mischen und das Dressing über den Salat geben. Mit gerösteten Kürbiskernen garniert servieren.

NUDELN MACHEN GLÜCKLICH

Tagliatelle mit Lachs und grünem Spargel

Wirkt harntreibend und entwässernd

- *100 g frischer Lachs*
  150 g grüner Spargel
  Salz
  1 Knoblauchzehe (geschält)
  1 EL Olivenöl
  1/2 scharfe rote Pfefferschote (entkernt und in Ringe geschnitten)
  2 EL Weißwein
  1 Becher fettarmer Joghurt
  200 g frische Tagliatelle
  Pfeffer
  Parmesan zum Bestreuen

So wird's gemacht:

Den Lachs in wenig kochendem Wasser kurz garziehen lassen. Gut abtropfen lassen und in mundgerechte Stücke schneiden.

Die Spargel an den holzigen Enden abschneiden, bis zum Ansatz der Köpfe dünn schälen und in fingerdicke Stücke schneiden. Wenige Minuten in leicht gesalzenem, kochendem Wasser bißfest kochen.

Knoblauch schälen, in kleine Würfel schneiden und in einer hochwandigen Pfanne in Olivenöl braten. Pfefferschoten-Ringe und Lachs hinzufügen und drei Minuten schmoren.

Den Spargel zugeben, salzen und pfeffern und mit dem Wein aufgießen. Unter gelegentlichem Rühren fünf Minuten einkochen lassen, die Pfanne vom Herd nehmen und den Joghurt unterrühren.

Gleichzeitig die Tagliatelle in Salzwasser al dente kochen, in ein Sieb schütten und gut abtropfen lassen (etwas Nudelwasser aufheben). Die Nudeln zu der Lachs-Spargel-Sauce in die Pfanne geben und mit zwei Holzgabeln vorsichtig miteinander vermischen (wenn die Masse zu fest ist, mit etwas Nudelwasser verdünnen).

Die Nudeln portionsweise auf zwei Tellern verteilen und mit Parmesan bestreuen.

BÜCHER UND ADRESSEN, DIE WEITERHELFEN

Bücher zum Weiterlesen

Fitness

- Bögele, Reinhard, *Das große Yogabuch;* Humboldt Verlag
- Just, Gaby, *Problemzonentraining mit Gaby Just;* Weltbild Edition
- Just, Gaby, *Fit, schlank und schön;* Humboldt Verlag
- Oberlack, Helmut, *Taiji Quan;* Gräfe und Unzer Verlag
- Waesse, Harry, *Yoga für Anfänger;* Gräfe und Unzer Verlag

Beauty

- Braunschweig, Ruth von, *Pflanzenöle;* Gräfe und Unzer Verlag
- Holdau, Felicitas/ Werner, Monika, *Magic Moon;* Gräfe und Unzer Verlag
- Wagner, Franz, *Reflexzonen Massage;* Gräfe und Unzer Verlag

Ernährung

- Bohlmann, Friedrich, *Energy Drinks;* Gräfe und Unzer Verlag
- Bohlmann, Friedrich/ Schinharl, Cornelia, **Health Food;** Gräfe und Unzer Verlag
- Ilies, Angelika, *Entschlacken mit Genuss;* Gräfe und Unzer Verlag
- Ilies, Angelika, *Vitamin Diät;* Gräfe und Unzer Verlag
- Muliar, Doris, *Low Fat;* Gräfe und Unzer Verlag
- Schinharl, Cornelia, *Wok;* Gräfe und Unzer Verlag
- Winter, Johannes, *Heilsame Früchte und Kräutertees;* Midena Verlag

Mond

- Paungger, Johanna/Poppe, Thomas, *Vom richtigen Zeitpunkt;* Irisiana Verlag
- Paungger, Johanna/Poppe, Thomas, *Alles erlaubt!;* Goldmann Verlag

Adressen/Bezugsquellen

Wenn Sie Fragen zum Just-Pure-Wellness-Konzept haben, steht Ihnen der Service-Anschluß von Gaby Just zur Verfügung. Dort bekommen Sie Tips und Informationen rund um die Themen Fitness, Beauty und Ernährung sowie Adressen für Behandlungen.
Außerdem können Sie dort das MultiBand (DM 49,-) und das StretchBand (DM 29,90) bestellen: Tel. 08367/789

Weitere Informationen gibt es im Internet auf folgenden Webseiten:
Zu Beauty: www.JUSTPURE.de
Zu Fitness: www.gaby-just.com

Hier werden »Just Pure«-Behandlungen in Deutschland durchgeführt:
Just Pure DaySpa
Siegesstraße 13, 80802 München
Tel.: 089/38 35 69 99
Just Pure bei Ludwig Beck
Marienplatz 11, 80327 München

REGISTER

ALLGEMEIN

A

B

C

D

E

E

G

H

J

KOCHREZEPTE

BEAUTY-REZEPTUREN

ÜBUNGEN

IMPRESSUM

Redaktion: Ilona Daiker, Angela Hermann-Heene
Lektorat: Heike Wilhelmi
Layout und Umschlaggestaltung: Independent Medien Design, München
Satz: Bernd Walser Buchproduktion, München
Produktion: Susanne Mühldorfer
Lithos: Fotolito Longo, Bozen
Druck: Appl, Wemding
Bindung: Großbuchbinderei Monheim

ISBN 3-7742-3801-4

Auflage	6.	5.	4.	3.	2.
Jahr	2005	04	03	02	01

Bildnachweis

Fotoproduktionen:
Fitness und Beauty: Michael Leis
Ernährung: Studio Schmitz
Weitere Fotos:
Astrofoto: Seite 13 (Shigemi Numazawa), 16 (Freitag)
Bavaria/ FPG: Cover, Seite 24,
VCP: Seite 15, 147 links u. rechts
GU: Seite 108,111 (Ingolf Hatz),
Mauritius: Seite 6 (Nägele), 14 (Bach),/ SST: 146 links, 148 (Clasen)
Stock Food: 167, 175 (Eising)
Super Stock: Seite 146 rechts
Illustrationen: GU: Martin Scharf

Wichtiger Hinweis

Die Ratschläge des vorliegendes Buches wurden sorgfältig recherchiert und haben sich in der Praxis bewährt. Alle Leserinnen und Leser sind jedoch aufgefordert, selbst zu entscheiden, ob und inwieweit Sie die Anregungen in diesem Buch umsetzen wollen. Autor und Verlag übernehmen keine Haftung für die Resultate.

Das Original mit Garantie

Ihre Meinung ist uns wichtig. Deshalb möchten wir Ihre Kritik, gerne aber auch Ihr Lob erfahren. Um als führender Ratgeberverlag für Sie noch besser zu werden. Darum: Schreiben Sie uns! Wir freuen uns auf Ihre Post und wünschen Ihnen viel Spaß mit Ihrem GU-Ratgeber.

Unsere Garantie:

Sollte ein GU-Ratgeber einmal einen Fehler enthalten, schicken Sie uns das Buch mit einem kleinen Hinweis und der Quittung innerhalb von sechs Monaten nach dem Kauf zurück. Wir tauschen Ihnen den GU-Ratgeber gegen einen anderen zum gleichen oder ähnlichen Thema um.

Ihr Gräfe und Unzer Verlag
Redaktion Gesundheit
Postfach 86 03 25
81630 München
Fax 089/ 41981-113
e-mail: leserservice@graefe-und-unzer.de